轻与重
FESTINA LENTE

姜丹丹 主编

政治与文化
安德烈·马尔罗讲演访谈录（1925—1975）
雅尼娜·莫叙-拉沃（Janine Mossuz-Lavau）评介
[法] 安德烈·马尔罗 著 黄芳 杨旭辉 郑晓萍 译

André Malraux
La Politique, La Culture
Discours, articles, entretiens (1925-1975)
Présentés par Janine Mossuz-Lavau

华东师范大学出版社

华东师范大学出版社六点分社　策划

主 编 的 话

1

时下距京师同文馆设立推动西学东渐之兴起已有一百五十载。百余年来,尤其是近三十年,西学移译林林总总,汗牛充栋,累积了一代又一代中国学人从西方寻找出路的理想,以至当下中国人提出问题、关注问题、思考问题的进路和理路深受各种各样的西学所规定,而由此引发的新问题也往往被归咎于西方的影响。处在21世纪中西文化交流的新情境里,如何在译介西学时作出新的选择,又如何以新的思想姿态回应,成为我们必须重新思考的一个严峻问题。

2

自晚清以来,中国一代又一代知识分子一直面临着现代性的冲击所带来的种种尖锐的提问:传统是否构成现代化进程的障碍?在中西古今的碰撞与磨合中,重构中华文化的身份与主体性如何得以实现?"五四"新文化运动带来的"中西、古今"的对立倾向能否彻底扭转?在历经沧桑之后,当下的中国经济崛起,如何重新激发中华文化生生不息的活力?在对现代性的批判与反思中,当代西方文明形态的理想模式一再经历祛魅,西方对中国的意义已然发生结构性的改变。但问题是:以何种态度应答这一改变?

中华文化的复兴,召唤对新时代所提出的精神挑战的深刻自觉,与此同时,也需要在更广阔、更细致的层面上展开文化的互动,在更深入、更充盈的跨文化思考中重建经典,既包括对古典的历史文化资源的梳理与考察,也包含对已成为古典的"现代经典"的体认与奠定。

面对种种历史危机与社会转型，欧洲学人选择一次又一次地重新解读欧洲的经典，既谦卑地尊重历史文化的真理内涵，又有抱负地重新连结文明的精神巨链，从当代问题出发，进行批判性重建。这种重新出发和叩问的勇气，值得借鉴。

3

一只螃蟹，一只蝴蝶，铸型了古罗马皇帝奥古斯都的一枚金币图案，象征一个明君应具备的双重品质，演绎了奥古斯都的座右铭："FESTINA LENTE"（慢慢地，快进）。我们化用为"轻与重"文丛的图标，旨在传递这种悠远的隐喻：轻与重，或曰：快与慢。

轻，则快，隐喻思想灵动自由；重，则慢，象征诗意栖息大地。蝴蝶之轻灵，宛如对思想芬芳的追逐，朝圣"空气的神灵"；螃蟹之沉稳，恰似对文化土壤的立足，依托"土地的重量"。

在文艺复兴时期的人文主义那里，这种悖论演绎出一种智慧：审慎的精神与平衡的探求。思想的表达和传播,快者,易乱;慢者,易坠。故既要审慎,又求平衡。在此,可这样领会:该快时当快,坚守一种持续不断的开拓与创造;该慢时宜慢,保有一份不可或缺的耐心沉潜与深耕。用不逃避重负的态度面向传统耕耘与劳作,期待思想的轻盈转化与超越。

4

"轻与重"文丛,特别注重选择在欧洲(德法尤甚)与主流思想形态相平行的一种称作essai(随笔)的文本。Essai的词源有"平衡"(exagium)的涵义,也与考量、检验(examen)的精细联结在一起,且隐含"尝试"的意味。

这种文本孕育出的思想表达形态,承袭了从蒙田、帕斯卡尔到卢梭、尼采的传统,在20世纪,经过从本雅明到阿多诺,从柏格森到萨特、罗兰·巴特、福柯等诸位思想大师的传承,发展为一种富有活力的知性实践,形成一种求索和传达真理的风格。Essai,远不只是一种书写的风格,也成为一种思考与存在的方式。既体现思索个体的主体性与节奏,又承载历史文化的积淀与转化,融思辨与感触、考证与诠释为一炉。

选择这样的文本,意在不渲染一种思潮、不言说一套学说或理论,而是传达西方学人如何在错综复杂的问题场域提问和解析,进而透彻理解西方学人对自身历史文化的自觉,对自身文明既自信又质疑、既肯定又批判的根本所在,而这恰恰是汉语学界还需要深思的。

提供这样的思想文化资源,旨在分享西方学者深入认知与解读欧洲经典的各种方式与问题意识,引领中国读者进一步思索传统与现代、古典文化与当代处境的复杂关系,进而为汉语学界重返中国经典研究、回应西方的经典重建做好更坚实的准备,为文化之间的平等对话创造可能性的条件。

是为序。

姜丹丹(Dandan Jiang)
何乏笔(Fabian Heubel)
2012 年 7 月

马尔罗(1901—1976)是20世纪大危机时代的小说家。他将冒险小说、报道以及电影创作的技巧融入战争和革命(亚洲,西班牙和欧洲)题材。因为他总是穷其幻想,《灵薄狱①之镜像》(Le Miroir des limbes)是关于其生活的小说,而《沉默之声》(Les Voix du silence)是关于其艺术的小说。这位诗人以一种紧张、猛烈且形象化的笔触与故事中的人物对话。1958—1969年,他曾先后担任法国新闻部长和文化部长。

---

① 灵薄狱,来自拉丁语Limbus,法语为Limbe,意为"地狱的边缘"。——译注

目　录

序言 /1

I 政治意识的觉醒：20 年代的印度支那 /33
关于政府部门的职务 /39
对绿皮书的思考 /42

II 反法西斯年代：30 年代 /47
1933 年 3 月 21 日在巴黎召开的革命作家和艺术家协会会议
　上的发言 /53
艺术是一种征服 /55
艺术家的态度 /60
为了台尔曼 /68

艺术作品 /72

回复示威的 64 人 /76

关于文化继承 /83

III 戴高乐执政第一期 /95

人与文化 /101

马尔罗如是说 /111

致抵抗运动的同志们 /123

自由与意志 /128

1948 年 6 月 18 日 /135

阿尔萨斯的夜晚 /139

为文化自由而战 /142

IV 文化部长安德烈·马尔罗：1958—1969 年 /155

向希腊致敬 /160

为了拯救上埃及的古迹 /166

1960 年 6 月 23 日何塞·德·圣马丁将军的雕像在巴黎落成时的发言 /173

1961 年 5 月 8 日在奥尔良庆祝圣女贞德节日上的发言 /176

让·穆兰的骨灰移至先贤祠 /186

1965 年 12 月 15 日在巴黎体育宫 /198

1966年3月19日亚眠文化中心落成典礼上的发言 /215

V 毫不松懈地介入:70年代 /227

1973年9月2日在上萨瓦省的格里耶尔高地(plateau des Glières)的发言 /231

1975年5月10日在沙特尔的发言 /243

1975年11月23日在戴高乐学院的讲话,纪念戴高乐将军逝世五周年 /252

大事年表 /273

序 言

对安德烈·马尔罗而言,他的一切行为,不论是政治行动还是作为艺术家的各类丰富活动,只有在作家形而上理论的光辉下才有意义。要研究其作品及行动,则必须回顾作者的一生。两者密不可分,皆是对人类命运的思考,因而无法被单独呈现或介绍。基于此,在这本册子里,我们集结了一些演讲、文论和访谈。这些文章是在政坛上对艺术的呼吁,对知识分子的政治演讲,亦或是文化部长为某个文化中心开幕的致辞。安德烈·马尔罗在公众演讲中极少将艺术与行动分而论之,因为两者是密不可分的。正如艾马努艾尔·穆尼埃(Emmanuel Mounier)所说,《人类命运》(*La Condition humaine*)的作者就像是一个形而上的行动实践家[①],他的行动构成并证

---

① 引自《思想》杂志中的《安德烈·马尔罗或艰难的命运》一文,1948年10月。

实了形而上的哲学。在这个意义上来说,他所理解的政治和文化是同源的。

行动的意义

安德烈·马尔罗认为,一切行动均与对死亡的敏锐感知紧密相连。这在其早期的作品里就已有所体现。死亡是《纸上的月亮》(1921)的主题之一。在《西方的诱惑》(1926)中,死亡的力量变得更为强大:"要摧毁上帝,"马尔罗写道,"而且在将上帝摧毁之后,欧洲知识阶层摧毁了一切反人类的东西——就像朗塞竭尽全力找到他的情人之后,在她横陈的尸体面前只找到了死亡。"①

对这位年轻作家而言,一战后人类可为之奋斗一生的理想不复存在。神学和宗教不再统治西方世界,价值体系崩溃了。这一价值观瓦解之后,人在不能被救赎的死亡悲剧里感

---

① 安德烈·马尔罗,《西方的诱惑》,格拉塞出版社,巴黎,1926,第215—216页。

到孤独。这一烦扰在安德烈·马尔罗的世界里再也没有消失过。死亡并不是在对孤独的思考之后强加给他的。死亡以一种无法摆脱的存在出现在他的生命中,粗暴地夺走他的亲朋挚友,夺走那些在西班牙和阿尔萨斯-洛林地区与他一起并肩奋斗的战友们。死亡时刻萦绕着他的生活,占据着他事业(行动,作品)的核心。死亡是有限及一切束缚的象征,它使得人类命运被荒诞所统治。强烈感受到死亡的永久威胁和死亡的不可避免,这已经是对这一命运的反抗。安德烈·马尔罗在1933年的作品里[①]写道:"怎么说呢,很少有人能够忍受自己作为人的这一命运……"要彻底"反抗死亡"[②],人会寻求一切可能的武器来帮助其抵抗命运的摆布。

在过去的所有年代里,哲学和宗教的提出都是为了赋予生命一种意义,让死亡成为一个过程而不是一个终结点。但是安德烈·马尔罗拒绝它们的救赎。因此他认为东方的智慧是不可接受的,因为它将人视为不需理解的一个整体的从容微小的一部分。死亡的问题通过个人与世界的互通解决。安德烈·马尔罗不能接受一种否认个人的信仰,这种信仰仅仅

[①] 安德烈·马尔罗,《人的境遇》,伽利玛出版社,巴黎,1933年,第228页。

[②] 1955年,瑟伊出版社出版的《马尔罗自述》(加艾当·皮孔著)一文中,安德烈·马尔罗在一段文字之外另加的注释,第74—75页。

让个人感受到其"不完整的片段性的品质",将"其所关切的非文明的我"①置于一切之上。意识的丧失对他而言比死亡更具毁灭性,尤其是它剥夺了人性。基督教信仰则给予了另条出路,它在西欧留下了深刻的烙印。但是,安德烈·马尔罗却知道自己受其影响太深,他拒绝向之屈服:"当然,还有更高的信仰,这就是一切村镇的十字架上所宣扬的,这些相同的十字架主宰着我们的死亡。这就是爱,是一种让人平静的信仰。我的懦弱使得我想要获取平静,但我决不会接受,也不会屈尊向它求得平静,"②他在1926年写道。

然而,安德烈·马尔罗拒绝宗教,这并不意味着他的生活应该如帕斯卡所说的那样沉迷于"消遣"。对肉欲的穷尽挥霍让人回归动物状态,这也意味着人拒绝为生活赋予意义。这是向死亡的屈服,没有什么能超越死亡而生存。

安德烈·马尔罗自己得寻求这些问题的答案:如何在没有神祇的帮助下抵抗人的兽性,成为真正意义上的人?当人拥有的唯一武器是作为被赋予特权的一分子③而存在时,如何抵抗死亡而活着?这些问题一直困扰着他。安德烈·马尔罗的以下评论记录了他的追寻:"人身上——思考着的人身

---

① 安德烈·马尔罗,《西方的诱惑》,前揭,第112页。
② 同上,第217页。
③ 《风淡》杂志访谈,第42期,1945年5月,第296页。

上——存在着某种永恒的东西[……]我称之为神圣的东西,即人质疑世界的能力。"①他因此想要探究,通过哪些"人道主义的方式"②,人类能够从命运中被救赎。通过小说中人物的行动和他自己的介入,这一探究以不同的面孔被反复提及。

第一种探寻是冒险家的事实。为了反抗死亡,冒险家常常以超乎其体力限制的暴力方式试图说明他身上的某处是自由的。安德烈·马尔罗在描绘《王家大道》(La Voie royale)的一位主人公佩尔肯(Perken)时写道:"他愤怒地感受到比死亡更强烈的狂热,这一狂热是他对宇宙的复仇,为了人类境遇的解放,如此强烈的狂热让他感到要反对一种诱人的疯狂,一种感悟。"③但是,这种被死亡扭曲的生活让冒险家感受到了存在的强度和独立的不可压迫性,他更强烈地感受到了人生命中死亡的不可避免。从《王家大道》开始,安德烈·马尔罗已经意识到无法在单个人身上通过自身的全部力量挑战荒诞而建构人类权利。

另一种形式的斗争看来也是必要的,那就是革命家的斗

---

① 安德烈·马尔罗,《阿尔滕堡的胡桃树》,荷培依出版社,洛桑,1943年,第102页。
② 索邦大学会议发言,联合国,《十字路口》(Carrefour)杂志,1946年11月7日。
③ 安德烈·马尔罗,《王家大道》,格拉塞出版社,巴黎,1930,第131页。

争。不仅仅是革命家要证实其超人类的能力,也是通过为他人奋斗,和他们一起,在兄弟般的情谊氛围中,让人类感受到安德烈·马尔罗称之为"神圣"的存在。个人在集体行动中失却生命,为他的生活赋予了除简单个人命运意义之外的其他意义。

就是在这一共同抵抗命运的紧张气氛中,安德烈·马尔罗的个人行动和他小说中的人物行动联系起来。尽管他不像佩尔肯那样试着证明独自一人面对死亡的魄力,却好几次作为志愿者应征参与行动。和在法国一样,在西班牙,为了大众的理想在一个团队中参与战斗。在《人的境遇》中,京(Kyo)为事业而牺牲,其他人可能继之获得胜利。这一牺牲值得,而且不朽。

但是这样的发展历程并非作家起初所想象的。尽管他不害怕这一行动面临的风险,但他并不完全赞同这种介入产生的行动模式。革命不仅仅是迈向大的起义,还要为着律己的、有组织的新社会的建构,有时甚至会使用一些遭受人们反对的方式;革命也可能导致官僚、独裁或是新的桎梏,却没有解决人类面临死亡的悲剧命运:"当然,首先必须征服,"1930年他说,"但还必须知道,当胜利来临之时,人面对死亡是否会不知所措。而有可能更糟糕的是,人还要面对他所爱的人们的死亡。"[1]此外,安德烈·马尔罗认为任何一种尝试都不会

---

[1] 《世界报》,第124期,1930年10月18日。

是最后一种。他常常希图超越其思想和行动所属的范畴框架。他认为一个革命团体的兄弟情义常常过于狭隘,他希望面向整个人类团体,他的要求使得他关注的不再是几个人,或者很多人,而是全部的人。

《阿尔滕堡的胡桃树》则很明显跨越了第三阶段。这次安德烈·马尔罗让人自己对抗死亡,让人通过其存在和作为人来思考的唯一一事实来揭穿人类境遇的宿命,这是能表征宿命、想象宿命,在世界层面上让宿命逃离真正的命运的唯一一事实。①

这一存在于每个人身上的能力在这个艺术家身上以更强大的能力被证实,他不仅自己持有这样的世界观,也希图能和其他人一起分享该世界观。这种创造性的行为使得艺术作品得以诞生,并以夺目的方式展示了人类对于命运的不屈从:"艺术的本质是一种世界人道主义,"②安德烈·马尔罗还写道。比冒险家绝望的行动和革命家的自我牺牲更甚,艺术家的创造力为所有生者或死者的无尽博爱赋予了永恒的生命。艺术作品证实着人的创造力,也昭示着人的永恒。那些跨越了几个世纪的作品所塑造的东西对后代来说仍然是富有生命

---

① 安德烈·马尔罗,《阿尔滕堡的胡桃树》,前揭,第90页。
② 安德烈·马尔罗,《阿尔滕堡的胡桃树》,同上。

力的。这就是文化在安德烈·马尔罗的世界中占据着如此重要的位置的原因。往昔的英雄事迹通过历史而得以永恒,这也是他认为历史如此重要的原因。

在人类对抗死亡的永恒斗争中,马尔罗的思想呈现出深刻的一致性。行动是这一斗争的形式之一,艺术则是另一种,对马尔罗本人来说,后者无疑是最有效而且最根本的。而且,当我们研究作家的介入时,不论他在何地,不论和谁一起并肩奋斗,必须得知道艺术和行动是这一介入的原因之一,并在其所有的介入行动中占有重要的地位。

只有持有某些价值观,才能让一同或交替作用的艺术和行动变得有效。首先,要有自由和意愿,使得艺术家能进行创造,每个人能够真实地介入。在这样的价值观关照下,政治对于安德烈·马尔罗而言只是一个和他人隔离的封闭领域。

只有在这一深层含义下,人们才能借助艺术和行动,真正拥抱多姿多彩的生活:无数人介入行动,其中一些甚至冒着生命危险,无数作品在生命燃尽时在世上得以永恒。只有以同一存在方式将政治行为和艺术行动联结起来,我们才得以提出疑问,了解马尔罗的政治介入行动是断裂的还是连续的。

不曾改变的介入价值观

如果我们快速回顾马尔罗充满各种行动尤其是政治行动的一生，可以看到一种决裂：二战结束前的时期和(法国)解放战争开始后的时期的对立。大家之后也会读到以时间顺序介绍的安德烈·马尔罗(1901—1976)介入行动的每个阶段开始之前描述的介入细节。那就让我们回顾一下这一曲折历程中的几个重要阶段：20年代他在印度支那战斗。当地的安南①人遭受着既无信仰又无法治的殖民当局的压迫。为支持安南

---

① 本书中的安南(Annam)，指的是安南保护国，即法国于1874年在现今越南中部所建立的一个保护国，首府设在顺化。1887年并入法属印度支那联邦。同时，法国也在北部及南部分别成立东京和交趾支那两个保护国。其中交趾支那保护国是法国直属的殖民地；东京保护国和安南保护国名义上由越南皇帝保大帝统治，但实权仍在法国人手中，因而具有法国和越南政府的双重制度。1955年取消。——译注

人的反抗斗争,他创办了一份报纸。30年代,他与共产党人并肩奋战,在反法西斯前线战斗。这些年里他出版的小说完整地勾勒出一位革命作家的面貌。1936年,他启程赴西班牙支持共和党人,率领西班牙空军纵队。一部小说和一部电影为观众和读者还原了关于这次战斗的艰难时期的情景。二战之初,他自愿加入战斗,1944年他领导着一支游击队,从西南部步行向斯特拉斯堡(Strasbourg)挺近。1945年,他遇到戴高乐,并辅佐其右。1947年他参与了法国人民联盟(le RPF[Rassemblement du peuple français])的斗争,1958—1969年他担任部长。从共产主义到戴高乐主义,那些尚未阅读马尔罗一生的人可能会认为这是一个大的转变。实际上,马尔罗50年来一直在不停变换立场。这里出版的演说、文章和访谈能帮助我们看到其连续的行动路径,但要观其全貌,必须同时参照他的作品。况且,如果我们仔细探究这些文本,将之还原于历史背景下——30年代法西斯肆虐,40年代末兴起的冷战,人民民主的诉讼,暗杀和肃清运动——就会从中发现,安德烈·马尔罗抛弃他持有的价值观从某一左派转入某一右派的做法并非毫无深层缘由。也许了解戴高乐主义对他的意义,并且意识到戴高乐主义并不意味着他的全部行动,才能准确把握其一生经历的逻辑。他所感受到并为之捍卫的戴高乐主义满足了三个需求——自由,博爱和权威,这三个轴向贯穿他于第四到第五共和国时期的每一次演讲。

在他眼里,只有戴高乐主义能够实现一种真正自由的统治,它区别于传统或国外的自由主义,也区别于上个世纪狂热的个人主义。他将之定义为:为自由服务的责任①,还有博爱——不是无产者的博爱,不是某一个社会阶层成员们的博爱,而是由市民团结聚合而成的民族之博爱。最后,戴高乐主义首先也表现为一种权威,它可以唯一保障个人的自由,体现所有力量要构建的理想。自由主义者们的博爱在一个领袖的引领下走向大的宏图。于是安德烈·马尔罗的世界里出现了戴高乐主义。但是,自由、博爱和权威在作家的世界里并不是第一次突然出现,它们一直在他的介入和作品中有节奏地出现着。

从他的早期作品开始,安德烈·马尔罗就肯定了自由的重要性,即能够抵抗死亡的纠缠。

安德烈·马尔罗年少的时候就进行了这一形而上的选择,而道义也出现在他介入的每个阶段。他在不同的阶层中奋战:印度支那的反殖民者,法国、德国、俄国的反法西斯者。不是为了用往往是极端的信仰去统治未来社会,而是为了获

---

① 安德烈·马尔罗 1947 年 7 月 2 日的演讲,发表于《希望》(Espoir)杂志,第二期,1973 年 1 月,第 7 页。

取自由。于是困境就产生了。每次他行动中出现一个理想制度,人们就会低估其介入的人道主义和准自由主义的力量。

1925年,安德烈·马尔罗在印度支那的殖民地支持被压迫的安南人的事业,他并不要求法国统治下的印度支那成为独立国家,他只是希望赋予安南人和法国人一样的权利。我们误以为他一度参加了中国革命,这一阶段并未使他的形象更为清晰:他并不谋求摧毁传奇,而是止步于叙述这些随时间推移而发生的奇幻故事。30年代他在反法西斯会议论坛发表各种演说,这时困境达到顶峰。为了更有效地反对纳粹,他成为共产党的同路人,但是他的介入是因为战斗本身的挑战——法西斯窒息了自由——而不像一些战斗者一样是受了共产党信仰的启发。

1934年1月,安德烈·马尔罗与安德烈·纪德(André Gide)一同前往柏林。他被法国共产党正式派出,向希特勒请愿,要求放出季米特洛夫(Dimitrov)。此人被指控向德国国会大厦纵火。他这么做是为了人类自由,而不是为了支持和巩固马克思主义。

几个月之后,他受到苏联作家代表大会(le Congrès des écrivains soviétiques)的邀请,前往莫斯科。他在大会上的发言并未对苏联体制称颂不已,而是称赞觉悟和创造;1936年,提醒变为严格提防:"想要将现存的必然消失的遗产用一种以抽象逻辑语言预测的遗产替代[……]，没有什么比这更危险的了[……]。"①他在其作品中还写道，人要保留其作为人的尊严，就不能被剥夺其神圣的权利——自由。"没想到我穷其一生都在追寻自由！"加林(Garine)痛苦地说，"那到底谁是自由的呢？共产国际？人民？我？还是其他人？"②

总之，马尔罗并不是以马克思主义革命作家的身份自居。托洛茨基并未说错，他在1931年这样评论《征服者》(Les Conquérants)：作者对中国革命的深刻同情无可置疑。但是这种同情充满了极端的个人主义和美学的幻想[……]。如果作者真正受到了马克思主义的熏陶，他一定不会轻视它③。因此，他和苏联共产主义的分裂也是显而易见的。马尔罗认为自由一直是一个感人而高贵的象征，并努力不懈地捍卫着它。他加入戴高乐阵营，该阵营后来成为法国人民联盟(Rassemblement du peuple français)。他做这一行动主要是因为他坚信，思想的自由不应受到指控。

指引他的介入行动的第二个价值观是博爱：安德烈·马

---

① 在伦敦国际作家文化保护组织(l'Association internationale des écrivains pour la défense de la culture)总秘书处发表的演讲，1936年6月21日，发表于《公社》(Commune)杂志，第37期，1936年9月，第8页。
② 安德烈·马尔罗，《征服者》，格拉塞出版社，巴黎，第235页。
③ 列夫·托洛茨基(Léon Trotski)，《不断革命》(La Révolution permanente)，伽利玛出版社，巴黎，1963年，第252—253页。

尔罗很快就被重新统一的那些神话迷住了,这些神话可能导致了博爱的产生。

马尔罗认为应该在与基督教的关系中探寻博爱的意义。我们也看到了,对他而言,"上帝死了"。但是,和尼采(Nietzsche)的断言相反的是,这一断言并不意味着对胜利的庆祝。这只是一个事实。人是自由的,他不为任何神服务。但还是被基督教打上了深刻的烙印:"我们主要的弱点来自一种需要,即通过基督教之'窗'来认识世界的需要,而我们却不再是基督徒。"安德烈·马尔罗在《论一代欧洲青年》中写道。信仰消失了,基督精神文化却遗留下来。这让他一直带着渴望和疑惑。而这些是一个离开了他的躯体的宗教所不能再满足或解决的。安德烈·马尔罗穷其一生都在追寻答案,甚至有时跨越了不可能的界限。

他寻求那个信徒者团体的令人安心又兴奋的存在。这些存在似乎真的是生动有声,他坚持不懈地,有时甚至拼了命地追寻着它。因为他渴望的博爱是一种行动的博爱,它有力地走向征服。它既不是沉思的,也不是顺从的。它不源自那些在教堂跪着祈祷的信徒,而是源自启程征战的十字军战士。

但是博爱是怎么产生的?是什么力量让分散的个人能够团结一致地去战斗?要使得战士们博爱团结,必须得让一些大的神话盛行起来,树立威望,人们愿意为之奉献:只有宗教、神学、信仰,才能让人类、大众或民族为某一场战斗而团结起来。它们提供了一个对世界的解释,因此对那些已经陷入自己再也无法明白的世界的人们来说,它们安抚着他们的不安情绪:"对于任何一个不想通过直接的追寻而生存的人来说,只有信仰能够让世界秩序井然。"20 世纪 20 年代的青年 AD 在写给一位姓凌的中国人的信里说道①。这些神话并不止于救赎。他们让孤独的人融入博爱中,引导他超越自我,揭示其身上存在的神圣部分。因为其目的就在于此,即试着让人们意识到被他们忽视的自身的高尚②。

让人团结的神话,不论是神学的,宗教的,还是民族的,均满足了某些定律。安德烈·马尔罗在寻求博爱的过程中,逐步将这些定律总结出来。

当革命突然出现在他的世界里时,它还与共产主义有十分紧密的联系。但他仅仅吸收了其主要的部分——除了自由之外——还有博爱,以及对自私霸权的个人主义的否认。

他更偏爱战斗的价值观,因为只有它们才能成功地让人类思想互通。尽管他承认神学亦能将反抗的人们团结起来,

---

① 安德烈·马尔罗,《西方的诱惑》,前揭,第 207 页。
② 安德烈·马尔罗,《怀疑的时代》(Le Temps du mépris),伽利玛出版社,巴黎,1935 年,第 12 页。马尔罗在谈及艺术时写道。

但他也相信肩并肩的战斗产生的博爱理论更强大。因为至死都团结一致的行动志愿者们,冒着一切危险,为实现理想始终在一起并肩战斗。马尔罗小说中最美的篇章也许就是那些面对死亡时的革命情谊的描绘:是《人的境遇》中被集聚于监狱大院的囚犯们行刑前的期待,是《希望》中西班牙纵队在山腰护送受伤飞行员的缓慢撤退。每一部小说中这种同志情谊都赋予了一个崇高的意义,并给予了一种帮助。

但是男人们之间同志般情谊的力量却无法让战争停止。当革命让位于某种政治体制时,社会共同体要国际化。人感到孤独,失去了自由,在战斗中结下的革命情谊消失,仅剩下服从。而且,对于安德烈·马尔罗来说,革命的神话也破灭了。胜利之后,国家建设居于首位,国家也发生了改变。人们并未抛弃革命者的信仰,而是越来越看重国家的神话。如果说一些制度成功地生存下来并得到巩固,那是因为神学不是唯一的支撑点。继被压迫者的国际同志情谊后,逐渐兴起的是共产主义公民(如中国或俄国)的国家同志情谊。和一些观点不一致的是,从这两个例子中,安德烈·马尔罗看到了国家至上和国家价值观最有效的广泛实施。

马尔罗认为革命神话的命运最终要么失败,要么变质。但不是所有的同志情谊均仅由神话激励而产生:在宗教而非主义的刺激下大时代产生了。

从印度教到佛教,从基督教到犹太教,安德烈·马尔罗始终保持着对宗教的热爱,其中有两个宗教他认为十分重要:印度教和犹太教。

他喜爱印度教,因为他认为这个宗教不仅能让他静坐和祷告,也能让印度成千上万的人参与非暴力不合作行动。印度教两次都担任了这样的角色,而且最重要的是,它成功地在印度替代了几千年来一直盛行的佛教,却避免了传统的宗教战争。马尔罗痴迷于这种对印度的再征服,他在和尼赫鲁(Nehru)①首次会见时便提到了这个问题。他在《反回忆录》(les Antimémoires)中暗示印度教也起了另一种作用:在甘地(Gandhi)和尼赫鲁的领导下反对英殖民统治。印度自1930年开始就走上了"长征"之路。这一年也开启了人民反抗的新时代,历经各种曲折反复,终于走向独立。这一运动中产生的同志情谊找到了其在宗教情感中的根基。但是宗教神话,尽管不可缺少,却不能独自引导印度人走向胜利:它之所以能够成功,是因为和国家神话紧密相连。在这里,我们找到了理解马尔罗自1947年以来所表达观点的实质的一个切入点。

另一个宗教神话也让他得到了相同的结论。而且这一次,安德烈·马尔罗跨越了精神迷恋的阶段,给予了实际的支

---

① 贾瓦哈拉尔·尼赫鲁,印度开国总理。——译注

持:从19世纪30年代开始,他成了坚定的犹太教支持者中的一员。犹太教很快就吸引了他,因为这似乎是一个能够有力团结人类的神话。希伯来人(les Hébreux)穿越沙漠的征途就是证明和象征。但是另一个"长征"在安德烈·马尔罗看来也十分重要:"这是几个世纪以来将世界各地的犹太人团结在以色列(Israël)的长征:这个民族被狠狠摧残,却仍保留着世界过去最古老的面孔。"[1]他在1955年写道。受到迫害、追捕和屠杀的犹太人坚持不懈地证明着他们坚强的意志和团结一心。宗教神话将不同国籍的人们紧密联系在一起,它还推动着这些全世界被屠杀的人们去建构一个可以重新逐步找回自我的国家:"犹太人的复国源于勇气,没有它,即便是美国的金钱都是徒劳;没有它,复国亦成为空想。"[2]

犹太人的同志情谊产生了一个战斗着的群体,这个群体希望圣战取得胜利,创建一个国家。于是以色列诞生了,在安德烈·马尔罗的眼中,它象征着文化和行动的幸福联姻。这也是一系列光荣成就之一。犹太人的故事是流亡以来完整无缺的同志情谊的样本。而安德烈·马尔罗也被那些犹太价值观的自身演变所吸引。这些价值观刚开始带有宗教性的色彩,后来

---

[1] 尼古拉·拉扎尔(Nicolas Lazar)和易子思(Izis)撰写的序言,《以色列》,克莱尔封丹出版社(Clairfontaine),洛桑(Lausanne),1955年,第7页。
[2] 同上,第9页。

变成解放主义,最后变成最根本的民族主义。在以色列,犹太教是让人团结的神话的范例。最终,成立了一个国家,就像我们也看到的,革命之后苏联或中华人民共和国诞生了。

安德烈·马尔罗在研究神学和宗教神话的过程中坚定了一个想法:国家神话超越了前两者,而且只有它能保证他们的发展,并走向现实。但是难道他之前就没有遇见过国家神话吗?

安德烈·马尔罗被法国革命震惊。不是被枯燥无味的传统教材编年史震惊,而是被维克多·雨果(Victor Hugo)和儒勒·米什莱(Jules Michelet)描绘的巨幅画面震惊。他十几岁的时候就读了《九三年》,而且就像他自己所说:"童年时代留下的强烈印象"[①]不是那么容易就可以被忘记的。之后他阅读了米什莱和法国革命的书籍。这些诗意的阅读首先让马尔罗震颤。在苏联和中国革命之前,"革命"对他而言就意味着法国革命故事,具有"浓厚的传奇色彩"。[②] 革命也是一种胜利。因为它带给孤独的人们自由、平等和博爱——或者至少带给他们一些信念。它是能有力地带来团结的神话,将个人转变为法国公民,并具有战斗的一面。尽管马尔罗欣赏甘地的非暴力不合作运动,尽管他盛赞几个世纪以来犹太人一直

---

① 在1968年4月22日安德烈·马尔罗在我们的谈话中提到。
② 同上。

进行的漫长宗教运动,但他仍然会歌颂武力所带来的征服。他认为,"国家应该是和法国革命一起产生的"①。"最强大的法国",是十字军的狂热东征后在大革命时期的自我觉醒和团结一心。对马尔罗米说,对法国民族的崛起起着关键性作用的这几年是重要的参照。而且,当要谈及法国抵抗运动时,他十分强调其和法国大革命的关系:"共和国的回忆对我们而言并不是生活的甘甜滋味,更不是一些部门的归并。不是1848年传奇般的回忆,也不是法国巴黎公社的突现——对今天的你我和一直以来的法国而言,它是对国民公会的回忆,是对整个民族奔向某个历史命运的怀念。同志情谊指的是努力和希望中的同志情谊。"②

在抵抗运动还未将之变成一种物质的信仰前,作家看到了一个要压倒一切人的神话,看到了一条为任何想要改变世界的人而设的明确道路。

二战爆发之前,宗教和神学的神话悄然向国家神话转变,是一个很好的证明。1944年的战斗让安德烈·马尔罗加强了这一信念,由此可以预见他后来对戴高乐主义的介入。在寻求战斗着的同志情谊的道路上,他无法回避这股在解放运

---

① 《新国界》(Nouvelle frontièrc)第5期,1964年1月,第2页。
② 安德烈·马尔罗于1958年9月4日在共和国广场发表的演讲,载于《希望》杂志第二期,1973年1月,第48页。

动时持有战斗的民族价值观的巨大力量。戴高乐主义宣称,要下决心让法国的同志情谊水乳交融,将整个民族团结起来以"重建法国"。马尔罗认为,这是他一直为之着迷的团结大神话引发的结果。

但是,在戴高乐任命他担任部长时期,以及随着时间的推移,另一个团结的神话越来越明晰地出现在安德烈·马尔罗的世界里,它似乎超越了一切其他神话,直至要竭力打破国家体制。逐渐地,文化似乎开始紧跟着政治及宗教的步伐进入神话领域。安德烈·马尔罗认为,人们追求的博爱,从60年代初到60年代末,均是一种由文化自身揭示的全人类的博爱。只有文化神话能够全力促使地球上每一个活着的人成为一个世界共同体的公民。明确的行动于是超越了戴高乐主义,在安德烈·马尔罗眼里,它载入了全球性的背景。1960年3月8日联合国秘书长呼吁努比亚遗址保护,马尔罗就此问题所作的回复就明确表达了这一观点。

"您的呼吁不是神的故事,因为您想要拯救努比亚的神庙,但正是因为您的呼吁,世界第一文明公开要求世界艺术成为其不可分割的遗产。"[1]

---

[1] 安德烈·马尔罗,《悼词》,伽利玛出版社,巴黎,1971年,第58—59页,作者在文中强调指出。

这个神话在作家生命的最后岁月里并不是无中生有地产生的,而是从青年时期对不同地域的艺术不停比较的过程中逐渐形成的。但是,在成熟的年月里,它突然出现,并成为吸引安德烈·马尔罗的最后一个让人团结的神话。

很幸运的是,一些神话不再是梦想,而是真正地唤醒了同志情谊。但是,虽然战斗中的同志情谊使得一个国家政权得以建立,并使一个国家转型,让受压迫者得到尊严,他们自己的存在却没有带来动乱。因为那些动荡的力量并不一定要转化为一支军队,转化为一个可以随时准备行动的共同体。要协调、激励、领导这些存在个人主义倾向的志愿者,必须得有一个大人物作为领袖。十字军也得由领袖来领导。

在遇到戴高乐将军之前,安德烈·马尔罗世界里的权威人物众多。

吸引安德烈·马尔罗的不只是基督徒教会组织,还有基督教众神,各个预言家,他们的领袖们更令之着迷。自青年时代起,他就对这些"大人物"进行思考。不仅仅是思考他们的曾经——他不曾了解他们——也是思考他们对个人,尤其是欧洲人,所产生的影响。

在《西方的诱惑》中,年轻的 AD 是安德烈·马尔罗的代言人,他试图描绘超凡的大人物所实施的影响:"大人物对权力的狂热比他们的行动更让我们感叹,"他在给凌姓中国人

(中国人小凌)的信中写道,"——行动只是为达到态度所做的一种准备——而且在现实生活中当不合适的参与方式使得行动和态度不能达成一致时,便能将它们很快分离出来。圣赫勒拿岛(Sainte-Hélène)对死于绞刑架下的于连·索黑尔又有什么用?"①

不同类型的人身上均存在这种受强大的愿望驱使的狂热:冒险家,艺术家,革命家,圣人,智者,国家首领……安德烈·马尔罗一生中不停地提及这些人,将他们搬入自己的书中、文章中和演讲中。但是,在这本璀璨的集子里,有"一类人"尤其被重视:致力于让人团结的神话的大人物,在所有人眼中,他们就是这一神话的代表。在寻求同志情谊时,他几乎在每个阶段都遇到了一个权威人物。因此,法国大革命并不唯一占据着他的世界。有两个人物清晰地凸显出来:丹东②和圣·茹斯特③。马尔罗在为阿尔贝·奥利维耶(Albert Ollivier)的书作的序中,在花数页篇幅声情并茂地介绍圣·茹斯特之前,在一部传奇小说中提到了他:在《征服者》一书里,

---

① 圣赫勒拿岛是《红与黑》主人公于连·索黑尔喜爱的作品《圣赫勒拿岛回忆录》中拿破仑的流亡之所。——译注

② 丹东(Georges-Jacques Danton,1759—1794),法国大革命时期的政治家。——译注

③ 圣·茹斯特(Louis Antoine de Saint-Just, 1767—1794),法国大革命雅各宾专政时期领袖之一。——译注

在塑造加林这个人物时,他将其描写成圣·茹斯特的信徒,让他阅读《圣赫勒拿岛回忆录》(Le Mémorial de Sainte-Hélène)。

青年马尔罗的想象很快又被于两次世界大战之间行动的大人物们所占据;而在印度领导独立战争的甘地和尼赫鲁则更令他着迷。加林对成泰(Tcheng-Daï)说:"我们将他比作甘地并没有错。他的行动,尽管受限,却和圣雄甘地有着同样的等级。它超越了政治,触及了灵魂,超凡脱群。出于要创造能深刻影响种族的传奇的目的,这两个人行动起来。"[1]他从西班牙回来不久就遇见尼赫鲁,在《反回忆录》里,他花了很多笔墨来描述这个人。他也十分喜欢托洛茨基,1933年两人在鲁瓦扬(Royan)附近一起度过了两天。后来,好几次,从被号召团结战斗的人们眼中,安德烈·马尔罗就已经看到传奇的化身:劳伦斯(Lawrence)上校比阿拉伯主义更吸引人,而文森·贝尔热(Vincent Berger)也比图兰(le Touran)[2]更有趣。

对这些人来说,神话变成了他们口中的"恒星":"此刻大家都忙于将布鲁图(Brutus)的雕像和灵魂合为一体(而很快凯撒却要填满),圣·茹斯特的军队也汇合起来,在一系列事件的混乱中发现了'恒星',他称之为共和国。拿破仑称之为

---

[1] 安德烈·马尔罗,《征服者》,前揭,第121页。
[2] 图兰,泛指中亚地区。——译注

拿破仑帝国。列宁,无产者,印度的甘地[……],围着表象转的世界成了历史。"[1]从本质上来说,这仅仅是这些大人物所信仰的神话,和其他人不同的是,他们身上都有着炙热的激情和坚定的介入感。以"恒星"之名而经历的风险是最大的:圣·茹斯特死于绞刑架上,尼赫鲁蹲了很多年的监狱,甘地和托洛茨基被暗杀,出现在安德烈·马尔罗世界里的毛泽东、劳伦斯和其他革命者均在前线作战。这些人同时也是行动着的知识分子。熟悉斗争的同时,他们也对自己的行动进行反思,在此基础上制定计划,并记录下来。圣·茹斯特草拟了《革命的精神》(esprit de la révolution)一文,劳伦斯将阿拉伯史诗写入《智慧七柱》(Les Sept Piliers de la sagesse),尼赫鲁根据其在监狱里的经历里写就《我的一生和我坐过的牢狱》(Ma vie et mes prisons)。这些人都将思想和行动紧密联系起来,通过文学使得战斗中不断进行的英雄行动永垂青史。在生活中,他们将创造者的行动和征服者的行动统一起来。

又一次,艺术和行动的联盟通过马尔罗喜爱的人物显露出来。他喜爱的故事主人公给出的这两个答案并不是以同样的方式给出的。这两个答案,他试图用它来反抗他生活中及

---

[1] 安德烈·马尔罗为阿尔贝·奥利维耶(Albert Ollivier)著书《圣·茹斯特和事物的力量》所作的序,伽利马出版社,巴黎,1954年,第21—22页。

作品中的死亡。实际上,尽管他是这些行动着的知识分子中的一员,但他参与的冒险行动却并未给他带来同样的幸福感:他自己从未代表过这些让他行动起来的神话,而且直到1945年,他的行动也从未取得过胜利。以记者身份在印度支那的冒险看不到未来,反法西斯的行动在解放战争前从未获胜,西班牙的战斗也以失败告终。安德烈·马尔罗曾经是而且一直是艺术创作名人,但是他常常参与的行动却未将其引向尼赫鲁、毛泽东及其他行动家的高度。这可以解释为什么这些人对他有着不可抵抗的影响力:他们将介入行动完成到了极致——获得胜利或者英勇牺牲。

而贝尔热(Berger)上校1945年遇到戴高乐时,他难道不是遇见了那个他常常幻想的大人物吗?

对安德烈·马尔罗而言,戴高乐将军代表着一个民族团结的神话。他领导战斗着的同志情谊最终获得了胜利。一个权威人物想要反抗者团体行动起来,于是戴高乐将军出现在解放运动中。他从最开始起就冒着所有人的反对,独自号召那些不希望法国亡国的人们参与斗争。他像圣·茹斯特、尼赫鲁、甘地一样冒着各种危险,只为实现某种理想,找寻某颗"恒星"——法国。在安德烈·马尔罗的眼里,戴高乐将军制定并实施了一个大的计划,是行动着的知识分子中的一员。他的思想和行动通过一个节点紧密联系起来:6月18日的号召是对

《剑刃》(Fil de l'épée)一书的回应。为了给出体现真实的案例，马尔罗这样写道：尼采成了扎拉图斯特拉(Zarathoustra)。①

对于像马尔罗这样的人来说，这种从未缺失的信念必然具有不可抗拒的吸引力。否则戴高乐将军怎么会在解放运动中成为名人？从今后安德烈·马尔罗似乎已经找到了一颗"恒星"——自由法国的领袖。

基于此，尽管我们能很好地回顾安德烈·马尔罗的曲折演变历程，我们也无法总结说，在他的人生中存在某个突然的断裂。应该说他的人生一直是很连贯的，这让他最后能达到圆满，尽管这种圆满只是他在后半生作为文化部长和无数巨著的作家对艺术进行的勾勒。从某种程度上来说，安德烈·马尔罗自己不也代表着一种文化神话吗？他高度赞扬这种世界文化并不遗余力地为其实现而努力。从纽约到达喀尔(Dakar)，从雅典(Athènes)到蒙特利尔(Montréal)，他维护、支持并极度赞扬这种文化。毫无疑问，应该看到他像那些有个人魅力的名人一样——甚至超越了他们——代表着这种一直存在于他心中，穷尽一生都想要团结一致的神话。捍卫戴高乐主义并不标志着马尔罗行动的结束，而是意味着踏上了一段通往神话的路

---

① 扎拉图斯特拉是德国思想家尼采作品《扎拉图斯特拉如是说》中的人物。

程,这一神话可能让他更积极行动起来。他声称为了艺术——就像我们为了宗教一样——为了展现文化和过往战争,他毕生坚持写作,直至生命的最后一刻。也许如果他没有走上这条被一些人认为是混乱的道路,他也不会成为世界文化的先锋。但是作为一个杰出的作家,他参与了那个世纪的主要战斗。那些仔细阅读其作品的读者们一定能读懂他。

本文集中出版的文章(1925 到 1975 年间的演说、论文、访谈)使得大家可以清楚地通过这一时代的大事件追随这一特别的历程。大家在其中会看到演说家马尔罗,有时他还是个论战家,他常常通过真实的政治行动和文化保护演说来激励民众。这不是对作家行动的详尽介绍,在出版社即将出版的七星文库(la Pléiade)的某个文集中会对此作更详细的介绍,这是关于作家近 50 年来政治和文化行动的重要文选。其中有一些已经出版了,特别是在瓦尔特·朗古鲁瓦(Walter Langlois)撰写的《安德烈·马尔罗》一书中。戴高乐研究院的《希望》杂志,1982 年埃尔纳出版社(L'Herne)推出的安德烈·马尔罗专辑,阿尔贝尔·伯雷(Albert Beuret)和皮埃尔·乐福朗(Pierre Lefranc)在书籍俱乐部(Club du Livre)出版的著作以及马尔罗著的《戴高乐》(De Gaulle)等书均描述了其在印度支那的冒险经历。安德烈·马尔罗自己也在《悼词》一书中收录了八篇演说。

I

政治意识的觉醒:20年代的印度支那

印度支那及安德烈·马尔罗于20年代在此地度过的岁月构成了他政治意识觉醒及早期战斗的背景①。然而,他在1923年秋天开始的长途旅行却并无政治原因。那时他刚满22岁,由妻子克拉拉(Clara)和朋友路易·舍瓦松(Louis Chevasson)陪同。三人去了吴哥窟女王庙(temple de Banteaï Srey),目的是探寻一直以来让他们十分着迷的东方奇迹,尤其是寻找一些雕像,并将之卖给富有的艺术收藏者。他们成

---

① 对于作家在印度支那的经历,我们参考了法国巴黎水星出版社1967年瓦尔特·朗古鲁瓦撰写的书——《安德烈·马尔罗:印度支那的探险》。必须明确的是,那时印度支那包括老挝、柬埔寨和安南-东京(l'Annam-Tonkin)这三个保护国和一个殖民地:交趾支那(la Conchinchine)。

这本书中所有的注释,除了由文章刊载的期刊编辑或安德烈·马尔罗自己写的几个之外,全部由雅尼娜·莫叙·拉沃撰写。

功地将雕像运上了船,本来应该运往金边,但是被国家安检官员拦截了下来。路易·舍瓦松和安德烈·马尔罗受到指控(但后来被释放),1924年被提起诉讼,并被判入狱。俩人上诉,在克拉拉(Clara)的奔走之下,通过一系列有助于安德烈·马尔罗的签名和证据获得了缓刑。

但回国后的他已今非昔比。在印度支那的日子里,安德烈·马尔罗发现了殖民风气和殖民政府腐败暴力的本质。他遇到一些安南人,而且头一次,他看到了社会的极度不公:当地人都是这种社会不公的受害者。因此他决定和律师保尔·莫兰(Paul Morin)一道创办一份报纸,以保护这些人的利益。

1925年2月,安德烈·马尔罗回到西贡,支持年轻安南人的运动,并在6月就出版了以此为目的的第一期日报:《印度支那报》(L'Indochine)。目的是支持安南人获得和居留在印度支那的法国人一样的权利,不多也不少。他们应该有自由通行、创建组织、选举巴黎议会(la Chambre des députés de Paris)代表的权利,应该拥有自由出版物,并更容易获得国籍。而且如果他们愿意,可以去法国学习,归国后为国家发展做贡献。同时日报还揭露了殖民政府肆意横行的腐败、镇压和敲诈。安德烈·马尔罗在每期刊发的报纸中都强烈抨击政府,尤其是交趾支那统治者,抨击保守报纸领导人和贪污公款的负责人。

但他并未提及法国殖民统治地的可能独立问题,相反,他强调通过让安南人获得和法国人同等的自由,结束殖民者和被殖民者的关系,拉近两个阶层的关系,避免使之痛苦地破裂。然而,面对这一丑闻和民众的反感,殖民统治者们却大肆责骂,而且还举报马尔罗和莫兰为危险的布尔什维克主义者。除此之外,统治者们还动用一些老伎俩来中止《印度支那报》的发行:恐吓行动,刺杀计划,偷走准备向全省发行的报纸。然而这一系列阴谋却都未能得逞,于是他们就对那些为报纸工作的安南人直接施加压力。《印度支那报》不得不停办了几个月。11月份它又以《受奴役的印度支那》这一新名字重新刊出。但是马尔罗的反对者们大肆攻击他,认为马尔罗通过《印度支那报》很有可能会改变安南人的命运。马尔罗认为在当前局势下不能有所获,因此决定回到巴黎,求得当局和巴黎人们言论的认同。1925年12月底,他坐船又回来了。

对于这个刚满24岁的文人来说,在亚洲每天和一些人一道,为生命而不是生存获得尊严和独立而并肩战斗,是多么重大而沉痛的经历!亚洲的经历让他头一次介入政治,因此也预示了他未来的政治生涯。同时他也就此写下发生在亚洲的书信体小说(《西方的诱惑》)和其他一些小说。安德烈·马尔罗在近两年之内就地取材选取了几部小说的一些角色和地点:《征服者》(1928),《王家大道》(1930),《人的境遇》(1933)。

关于政府部门的职务

我收到一位读者的来信,十分有趣,摘录一段如下:

"您创办的这份颇具影响的报纸,是交趾支那第一份敢于抨击当局的报纸。我们对当局存有敌意是因为我们很遗憾他们总是横挡在我们面前。我们希望看到你们将抨击具体化,并将我们对现行制度的不满表述得更为清晰。如果我们能对我们的思想交流到了哪个程度有更清楚的感受,我们会更愿意跟随您。在您抨击重要人物时,我们与您同行才不会那么害怕。"

我们的抨击并不针对某个处于高位却对其所作所为不负责任的当局人物,而是针对征战结束后的缓慢发展。继军队武力结束后,武力继续大行其道,并"展示其精神",而没有什么比这种精神更损害国家经济发展的了。征战期间或征战刚结束时的商人们具有暴力和决断精神,这足以将反对他们的人置于失败之地。这之后的商人们却更平和,不敢再反抗。两相对比,这一可悲的角色更为明显。商会(la Chambre de Commerce)主席因此而发生的更替就更明显了。

只要想象一下在法国可能发生的事情,如果类似的精神激发一个类似组织的建立。呃!有人会说,我们不是在法国。在这一点上,不存在任何区别。不论是面对交趾支那的法国商人还是面对该省的商人,交趾支那政府部门和某个省的政府部门均会面临相同的处境。他不可能面临任何其他处境。

结果十分简单,即一切大商业和工业停滞不前。当然我不会无视一些强大商行的存在。然而,这每年两三亿的营业额是20年来在一个国家正常发展的商行可以达到的数额,这又意味着什么呢?

因为在印度支那存在两种商人:一种是通过真正的劳动创造事物的商人,一种是向某个高级公务员说这番话的人:

"我的老伙计,你们想修铁路。这是很好的想法,也是出于善心。请相信我。我绝对赞同这一法国式的事业。笨拙的我带着与生俱来的优雅来到并想要开化这个国家。这一事业将为之带来秩序和繁荣。"

"你们要给我一些物资,因为我没有。人力,我也没有。剩下的,我怎样才能让他们从法国来呢?我在这里招募人力吗？你们有能干的招聘人员……"

"所以,你们要给我人力。"

"而且,你们受到爱国情怀的鼓舞,一定不会让一个法国人独自承担这样重要的事件,而一定会用你们的财力倾心参与。由于你们的财力比我的多得多,你们可以通过津贴的形式认购比如 90% 的股份。"

而心不在焉的高级公务员有时却忘记回答:"但是,亲爱的朋友,如果我给您提供财力,数量可观的工业材料和苦力人工,为什么我却得不到其他的小钱和利息呢?""他太心不在焉了,"我说。比如他回答说:"我能得到多少股份?"而另一人却从心底里感激仁慈的神为了必死的人的最大幸福组织了祈福场所。

而另一个商人,想要或已经做了一些事情,却十分生气地发现,在他面前只有官员的垄断、勾结和串通。

有时他会这么想:挺可悲的,当我想建一座桥,人们首先问的不是我的价值和我的能力,而是我上一次选举选的是谁。当某一天我见到有人对"大官僚们"说,"高级政府是为了服务国家,而不是国家服务高级政府",我是不会恼火的。

《印度支那报》,1925 年 7 月 16 日

对绿皮书的思考

绿皮书是在我们的杰出同行莫里斯·哥纳克(Maurice Cognacq)的指示下由殖民议会所做的报告。在绿皮书里,他对自己的所作所为给予的高度赞扬,引起了我们极度的"欣赏"。我们也可以读到他所做的一切所谓"善行名录",他的"深刻思想"和他的"公平正义"。

可是,我敢这么说吗?当我读到我们的杰出同行莫里斯·哥纳克的作品时,他给我留下的是一个小喜剧演员的印象。在长达500页的篇幅里,他讲述的是殖民参赞们开的各种玩笑。

首先看看"政治形势概述"吧。我们读到,没有人对反抗报纸感兴趣,人们毫无保留地仰慕领导他们的杰出总督。翻过这一页吧。但我们又读到,他的成功在于他对**安南人**、中国人和法国人带到此处的政策不感兴趣。

抱歉。

我们都受着折磨的政策,可憎又滑稽的政策,在现在的交趾支那到处激起了极度的不满。而如果我们不留心,某一天一定会导致可悲的结局。这一政策不是安南人、中国人,也不是法国人带来的:是仰慕安的列斯群岛(Les Antilles)的哥纳克总督觉得这个政策很有意义,所以一旦能够,马上就在这里制定的。

这一政策是要将一切权力集其一身,目的是给自己一定的稳定性,这样做是为了稳住印度支那和那些因觊觎朋友财产而住在这里的人。对那些很少为哥纳克服务却经常利用他的银行来说,这是例外。那些反抗这一做法的人绝不是政客们,而是一群要求伸张正义的人。

我们的同行莫里斯·哥纳克随后向我们解释说,他就代表了秩序。这一解释又引发另一种幻想。莫里斯·哥纳克的一位老朋友会蹚水来一位农民的稻田吗?这是命令的结果。农民会拒绝被剥削吗?混乱,可怕的混乱!反抗,公共危险。必须真正确信能见到一位沙维尼总督,以便能向殖民参赞们提出关于这些尖刻玩笑的证据。

然后有一句话尤其好笑。我忍不住地想要抄写在这里。

"交趾支那政府在刚刚过去的一年中施行的政策和三年

前的政策毫无二致。"这一政策似乎好心地想要维持秩序。秩序是一个国家繁荣与和平的重要因素,但是要用心保持这一秩序,必须出于信心,而不是出于强迫。

他说得非常有理!我很肯定,也可以证实。我的证据,哥纳克先生很重视。如果要毁灭这个证据,他一定会很高兴的。他拥有十字勋章和其他奖章,偶尔很"仁慈地"用越南币回报了他那些"仁慈地"背叛了兄弟们的安南朋友。他"仁慈地"威胁那些与不拥护其政策的人并肩为伍者,要送他们去地狱,去河仙(Hatien),去昆仑群岛①。他很"仁慈地"在我们身后安插了带着艰巨任务,要生存的可怜保安们。至于金瓯的农民们,他们争取到了他的特殊照顾。他甚至亲自去查看他们的稻田情况,为的是能在需要时将稻田从他们那儿仁慈地夺走。

他使用了强迫手段吗?得了吧!他根本没有那个能力。他费力地通过沙维尼告诉我们这一切,向我们保证,他所说的一切都是真的。他只是通过相信在行事而已。比如,他的一个政要朋友让我们的一个读者去呼吁:"总督认为,要明白,拒绝你们自己要求的这份报纸对你们是有利的。"或者让参赞费力地走去和农民们说:"他们要反抗售卖他们土地的行为,这

---

① 昆仑群岛(Poulo Condor)在法属印度支那时期是著名的政治犯流放地,其上建有昆仑岛监狱。——译注

是不明智的。"

这一切均充满着极度的幽默感,并让我们深思一个戏剧化的总督是什么样的人:

"在仁慈地用尽各种办法使得那些不赞同我们的人失去资格后,我们让他们相信他们应该自己要求执行死刑。由某个恶魔驱使,他们才会去反抗。所以我们要给他们判刑,用我们能够使用的利益,然后仁慈地将他们处以死刑。根据我们手头查禁的信息来源,我们可以肯定,他们死后后悔不已,而现在特别崇拜我们。"

不,哥纳克先生。虽然您对此表示否认,但压迫却是您政策实施的唯一方式。这一压迫不是要保证秩序,而是给予命令,这两者并不相同。您只不过是在用恐惧、钱和保安在统治着交趾支那。而这是因为您有所忽视,您的一切方法其实就是两个词:小费和告密。因为您开始感受到了仇恨,它从交趾支那最远的稻田一直延伸到今日,您这儿。您极力为自己辩护着,让大家都知道,在您的口袋深处,有着仁慈的情感,而这些没人看到,因为成堆的钱像铜墙铁壁一样将他们隐藏起来。

《被奴役的印度支那》,1925 年第 3 期

II

反法西斯年代:30年代

在欧洲土地上(尤其是在德国、意大利和西班牙),30年代是法西斯肆虐的年代。1930年1月,柏林落入民族社会主义德国工人党手中。在纳粹眼中,一些人的种族或行为使之蒙羞,于是一场针对那些人的长期追捕开始了。虚假控告,弄虚作假的案件,随意的关押,折磨,以及处决事件,均在与日俱增。于是,自1933年2月末起,乔治·季米特洛夫(George Dimitrov,保加利亚人,第三国际秘书)被捕了。几天之后是恩斯特·台尔曼(Ernst Thaelmann)(德国共产党的总秘书)。两人被指控纵火烧了国会大厦。在法国,十几年来,人们一直未怀疑这一恐怖行为。但有人发出了一些声音,他们控诉现有的制度,并为这两位受害者辩护。安德烈·马尔罗突然之间就成了那些人之一,他们的抗争和行动表达了一种坚持不懈的谴责。特别是他参与了革命作家和艺术家协会(l'Association des écrivains et artistes révolutionnaires)(简称AEAR,成立于1932年)的介入活动。1933年3月21日,他还参加了一个早期的反法西斯游行。11月份,他和纪德主持了为解救台尔曼而召开的第一次会议。1934年1月4日,在法国共产党(PCF)的要求下,他俩又一道去柏林请愿,要求释放季米特洛夫(此人其实12月份已被宣告无罪,但却一直被拘留,2月份才被释放)。1月31日,解救台尔曼和反法西斯囚禁国际委员会(le Comité International pour la Libération de Thaelmann et des antifascistes emprisonnés)成立:纪德和马尔罗成为委员会主席。五月,召开了各种会议。

在几年的行动斗争中,安德烈·马尔罗和与他同时出现在众多论坛的共产主义者并肩作战。尽管他们并未宣称其立场和言行是反传统的(或者非正统的会面行动,就像他1933年在鲁瓦扬访问托洛茨基一样),他和工人党却并非毫无联系,他甚至被认为参与了苏联的行动。1934年8月3日,他在莫斯科第一届苏联作家大会上发言。而且,特别有趣的是,他在艺术家的自由这一议题上吸引了公众的兴趣。当他说到"艺术不是屈从,而是征服"时,尤其如此。在巴黎,他参与了《互助》(Mutualité)期刊的事务,并撰写了一期莫斯科大会的纪要。他不停地捍卫思想的自由,在这一时期的行动中,他和共产主义者在思想上的偏离已初露端倪。

1935年这一整年他都没有松懈过。文化保护大会、重罪法庭以及季米特洛夫被宣告无罪的两周年纪念日台尔曼委员会组织召开的会议,都强烈地再次证明了一些法国人的决心,马尔罗就是其中之一。他常常在示威游行中发言,封住"不人道的畜生"的道路。

1934年到1936年间,他一共在《公社》①杂志发表了五篇演讲。作家为此自掏腰包出版了《怀疑的时代》(1935)。该书叙述了一个被德国盖世太保逮捕的共产党员的狱中生涯。同时,他也没有忘记印度支那。在河内和西贡极其不公正的诉讼结束后,他在《玛利亚纳》(Marianne)期刊上发表了一篇题为《SOS》的长文。稍微晚些时候,他还为安德烈·维奥莱(Andrée Viollis)的书《印度支那救援》(Indochine SOS)作了序。

但是他的行动模式在1936年发生了改变。安德烈·马尔罗参与了军队的战斗。西班牙7月爆发了内战。马尔罗7月21日就赶赴马德里,作为共和国政府和法国的中间人,为前者提供飞机。他创建并领导了西班牙小纵队(l'escadrille

---

① 此处请参见尼克尔拉辛的著作《马尔罗与〈公社〉杂志》,欧洲报,安德烈·马尔罗特刊,1989年11—12月,第29—42页。

España),用十几架飞机(有一些是在二手市场买的)做出了杰出的贡献。这一纵队在1936年12月的特鲁埃尔(Teruel)第一次战役中尤其发挥了积极的作用。1937年2月,这支队伍进行了最后一次出击。战斗由苏联人引领,后来物资用尽,人力疲惫,必须寻求其他的支持。这一时期末,马尔罗周游美国,为共和党筹募资金。同时他还创作了一部小说——《希望》,并于1937年11月出版。1938年他拍了一部电影——《谢拉·特鲁埃尔》(Sierra de Teruel),解放战争时这部电影改名为《希望》。

1933年3月21日在巴黎召开的革命作家和艺术家协会会议上的发言

[……]十年来,法西斯张开巨大的黑翼侵袭了大半个欧洲。如果不算法国和英国,甚至可以说它侵袭了全世界,除了苏联……

是的,我们要行动起来,而且要在长时期的腥风血雨来临之前。

然而必须得知道,我们在这里能给出什么样的具体回答。我觉得应该有两个方面。首先,我希望我们的抗议带有法国作家对德国作家的敬意,他们不仅来赴会,而且信任我们,希望知道他们是否被需要。这让我们感到无上荣幸。

我还想说,今日在德国被执行死刑的人不一定都是马克思主义者。不论是否是马克思主义者,这些作家首先感受到的,是获得尊严的意愿。

所有艺术家必须在两种可能性之中做出选择:获取报酬或者响应号召。而今天来到这里的人都选择了响应号召而不是获取报酬。

首先,德国法西斯让我们看到,我们也许要面临战争。不要忘了,我们都要竭尽全力以避免战争的发生。然而,如果战争爆发——在战争中我们要担起责任来——我们知道它是怎样爆发的,我们知道为什么;就像格昂诺(Guéhenno)所说,我们要和沉默的政府抗争。我们为了抗议而说的话均是徒劳,这我们都知道。这种形势就是一种威胁,我们只有用威胁来回应:不论工人阶层的愿望是什么,我们总能找到那些真正为无产者服务的人;在战争来临时,即使俄国没有参战,我们也会受其思想影响而转向莫斯科,转向红军。

该文被收入由保尔·瓦扬·库蒂里埃(Paul Vaillant-Couturier)**作序的革命艺术家和作家协会宣传册《那些选择反抗德国法西斯和法国帝国主义的人》**(Ceux qui ont choisi. Contre le fascisme en Allemagne. Contre l'impérialisme français)。**作者:亨利·巴比塞**(Henri Barbusse),**安德烈·纪德,罗曼·罗兰**(Romain Rolland)。

艺术是一种征服

1934年8月17—31日在莫斯科
苏联第一次作家代表大会上的发言

各位多次被人打招呼,可能已经疲于应答。

如果我们和苏联无关,也不会出现在这里。

我马上开始,你们像跟很多人说话的人一样,谈论聚集和分开他们的事情。你们可能已经在为无产阶级服务了。我们,西方的革命作家,我们要为反对资产阶级而努力。

从心理上来说,对我们而言,共产主义文明最本质的特征是什么呢?

你们将妇女从沙皇的压迫下、从痛苦悲惨的深渊中解放出来,你们给予她们信心,你们塑造了苏联妇女。你们解救了孩子们,甚至是流落街头的孩子们,①给他们信心,让他们成

---

① 安德烈·马尔罗此处指的是苏联20年代被遗弃四处流浪的孩子们,因为世界大战和国内战争这些孩子成了孤儿,靠偷抢为生。

为先锋队。你们抓住了破坏分子、暗杀者和小偷,却仍然信任他们。你们拯救了他们,并和他们一起建造了白海通道。

有人说:"经历了所有的障碍、内战和饥荒,几千年来,那些人头一次相信人类。"

我们为苏联赋予的文学形象能代表它吗?

如果基于外在的事实,确实是的。

但是,在哲学和心理学领域,却不是。

因为,你们给予大家的信心,却并未同样地给予作家们。

为什么?

在我看来是文化的误解。

来这里的代表团们带来的除了礼物,还有人道主义的热情,团结的友谊。这些都会让你们的文学更为丰富。它们在对你们说什么呢?

"请表达我们,描述我们。"

得知道怎么做。

是的,苏联必须被描述,是的,这些关于奉献、英雄行为和英勇顽强的清单必须列出。但是,同志们,得小心。再说,美国已向我们展示,要描述一个强大的文明,不一定要文学强大。而要产生强大的文学,仅仅对伟大时期摄影拍照是不足够的。

在莫斯科的一个工厂,我问一个工人:"您为什么读书?"他回答:"为了学会生存。"文化,也常常是:学习。但是,同志们,我们要学习的人们,他们自己是在哪儿学的呢?我们读托尔斯泰(Tolstoï),但是他却没有托尔斯泰可读。他给我们带来的,是要他自己去发现去揭示的。尽管"作家都是灵魂的工程师",别忘了,工程师最大的作用是创造。

艺术,不是屈从,而是征服。

征服什么?

表达艺术的情感和方式。

对于什么的征服?对于几乎无处不在的无意识,对于常常存在的逻辑的征服。

马克思主义是社会层面的信仰,文化是心理层面的信仰。

对于资产阶级所说的个人,共产党回之以人类。马克思(Marx)认为"更多的觉悟"这一表述,将《德国神学》(L'Idéologie allemande)的前面几页和《资本论》(Capital)最后的草稿联系起来。共产主义赋予的这个文化表述和那些个人主义大时期的文化表述是对立的。

对俄国经典小说家来说,要给觉悟下定义得花很长时间。他们常常致力于揭示人的那些矛盾和无法预见的因素。当托尔斯泰的一个主人公在冰冻三尺的夜里行走,他发现严寒摧毁了他的爱,当拉斯柯尔尼科夫(Raskolnikov)[①]发现他所期

---

① 拉斯柯尔尼科夫是陀思妥耶夫斯基作品《罪与罚》的主人公。——译注

待的谋杀只能给他带来孤独时,这两位作家是怎么做的?他们用经验的事实取代逻辑的事实。在心理学上,没有真正的逻辑,只有模仿,因此他们是用发现来替代模仿。

各位之所以十分喜欢经典作品,首先是因为它们令人赞叹,但是否也因为,和苏联小说相比,它们给你们的精神生活带来了一种更丰富、更矛盾的观念?是否也因为,从心理的角度来说,你们有时也发现列夫·托尔斯泰比我们中的很多人更加现实?因为所有人,不论他是否愿意,都在思考他的人生。而心理上的拒绝实际上意味着,当一个人对自己的人生深思熟虑时,不会将自己的经验告诉他人,而是会独自保留。

对于你们最欣赏的作品也是如此。马克西姆·高尔基(Maxime Gorki)以浅显的笔触,锲而不舍地描述着我所称之为的心理或诗学的发现特征。在奥斯特里兹(Austerlitz),因受伤而仰躺的王子安德烈·博戈柳布斯基(le prince André Bolkonski)发现了超越人的痛苦和不安之上的宁静。我将这一场景称为诗学发现。

工厂内部的文学圈子里,工人同志们热爱阅读文学,十年后也会喜欢那些与他们的技术文化不相干的同志的作品。他们也可能会喜欢那些触及人本质的作品。但是,要知道,这些新作品在国外具有苏联文化的声誉,就像帕斯德纳克(Pasternak)和马雅可夫斯基(Maïakovski)的作品一样。

公爵和盗贼一起听莎士比亚的戏剧。当西方人聚集在一起只是为了在卓别林的头像面前痛苦地嘲笑他们自己时,当我们的许多卓越艺术家们为了灵魂,为了那些即将重生的人而写作时,你们,这些像人的双手一样,相似又不同的人,将莎士比亚的文明突然带到了这里。尽管照片拍得十分漂亮,但是得让他们不要因摄影而窒息。因为世界等待着你们的不仅仅是你们自己的图像,也是超越你们的图像,未来将会由你们自己来呈现。

《公社》,1934 年 9—10 月

艺术家的态度

1934年10月23日苏联作家代表大会总结会议上的发言稿

首先必须弄清我会不断提及的两个观点,这两个观点在来这儿之前我也经常提起。

第一个是马克思主义和苏联文学之间关系的观点。

将文学作为信仰来实践从来就不符合现实。《新约全书》(L'Evangile)让基督教民族接受基督教文学。希腊信仰让古希腊城市接受希腊文学。信仰构建了用苏联文学表达自我的苏联社会。在文学和信仰之间,还有文明,以及活着的人们。

第二个问题是艺术家自由的问题。在这里所说的似乎是对的,但也许现在应该预想到更复杂的因素。

宣称资产阶级作家的自由是他为资产阶级发声的可能性,这是从社会而不是艺术的角度来说的。

我认为资产阶级并不是直接描述自我的。他不是作为资产阶级而为自己辩护的。他总是或者以贵族、文化、民族主义的名义,或者以宗教的名义来为自己正名。基督教文明就是如此为自己正名的,而资产阶级从18世纪盛世起却总是通过曲折的途径来证明自己。

克洛岱尔(Claudel)、普鲁斯特(Proust)都不能代表资产阶级,只有亨利·波尔多(Henry Bordeaux)才能代表。

这样的艺术家常常没有选择题材的自由,也很难设想在资产阶级作家里有这么一位最优秀的作家,他决定为杜梅格总统(président Doumergue)写一本书并最终创作一部伟大作品。只有在一种文明的积极因素里艺术作品才能找到它的力量,这就是我想要提请大家注意的点。

艺术家看重的自由不是随意做任何事的自由,而是做他想做的事的自由。苏联艺术家知道,作为艺术家,不是要否定他周遭的文明,而是在他认同的文明里找到创作的力量。

我们已经习惯于在一种精神和本质对立的文明中生活和思考。在此我不想讲述复杂思想。相反,我想阐明一个简单的事实:欧洲现有的各种制度,不论优劣,某种程度上都是虚伪的。很多听我演讲的人都经历了战争。他们的愤怒不是建立在一个信仰之上,而是建立在对他们周遭血腥悲惨的现实差异的觉悟之上。尽管在出版物和书里,这一现实总是以伟大的形式呈现给人们。在这一领域,世界自战争以来一直未有多大改变。

但是,不要将苏联艺术最好的和资产阶级艺术最差的相对比。想想苏联艺术最好的东西,也要思考两种艺术主要在哪方面存在差异。

六十多年来,西方艺术的伟大作品沿着一条稳定的线路在发展。不再像巴尔扎克所说的,是描绘世界,而是通过一些图像,阐述个人问题的进展。《群魔》(Les Possédés)不是对俄国革命阶级充满敌意的绘画,而是陀思妥耶夫斯基(Dostoïevski)通过一些活生生的人物的更替阐述其伦理学思想的发展。就像尼采在《扎拉图斯特拉如是说》所表述的那样,陀思妥耶夫斯基是一位通过比喻来表达自我的思想家。

绘画的问题也是如此。塞尚(Cézanne)不停贬低主题的价值,不是出于对荷兰话所说的"精湛"绘画的兴趣,也不是因为热爱静物画,而是塞尚有表达自我的自由空间。这一抽象画主题的消失并非像我们所宣称的那样,是对绘画元素的最大尊重,而是对画家的最大尊重。现代抽象画画家像陀思妥耶夫斯基一样,创造了他个人的神话。就像哥特所说,一切作家均是在创造他自己的完整作品,可以说毕加索(Picasso)几乎不停歇地在创造关于他个人的完整作品……

艺术家主要致力于创造其个人的神话,要揭示的是这一神话是如何传播的,而艺术作品是如何生存的。

我举两个例子：波德莱尔（Baudelaire）和弗洛门丁（Fromentin）。这两位艺术家都极其敏感，一些读者发现他们在作品里于远景处表现并证明了自己的敏感性。当然这种思想应该有所不同，但是总的来说，我认为可以说，读者对证实其作品的艺术家十分欣赏。

我不相信一些受欢迎的艺术家如果假以时日就能达到柏拉图式的神秘之美，但是我相信在敏感性和表达并证实敏感性的需要之间建立的联系。

这个问题是所有西方艺术思想的中心。可以说，资产阶级文明的艺术差不多都是围绕着自身在创造[……]

艺术家和现代社会从本质上来说是对立的。在像法国这样的国家里，和阶级或以这样的行政单位分立不同的是，认同文化和不认同文化的人之间出现了分离。小学教员们、老师们、女人们、工人们、小资产者，数量不一，都可以进入这一我们称之为"知识分子（Intelligentzia）"的新集体中。他们在自己身上发现了一些关涉艺术的共同之处。（不论大家是否理解我所说的，我将这个集体当作一个临时的集体，一个巨大的危机就很可能将之解散，而我在这里只是将文学的事实如实呈现。）

在我们的文明里，人的思想和社会制度之间存在着不一致之处。刚才我谈到的虚伪因素在人的思想中起着关键的作用。如果我们要呈现俄罗斯工人对其文明的态度,我们能做的最好的比较就是:和动员时期仍然接受战争的西方大众进行比较。我们可以想象一下,就像在第一共和国全民动员时期一样,战争动员时期如果全国还存在人道主义,那艺术是怎样的。苏联艺术就属于这种性质。我重复有人说过的话,苏联文明是一种全民参与的文明,他们自觉一致地认为,工作不是生活了无生趣的一部分。

我们的艺术也存在集体主义。有一位艺术家,如果他在这里,也许就像莫斯科的任何一位苏联艺术家一样,他说:"你们每个人在以自己的方式认识我,欣赏我。"他就是卓别林。在西方,人们只有对戏剧作品才能达成一致。我们在其中找到了共通的自嘲之处[……]。

在苏联文明内部,第一个关键的事实就是:艺术家就像一件他所看到的物品一样,在作品中被弱化。

世界对他来说比他自身更有趣,这首先是因为,世界需要发现。仔细想想,资产阶级的世界已经陈旧,而且相对来说已经为大家所熟悉,左拉对世界的发现比巴尔扎克差。对于西方艺术家来说,打量社会化的世界,亦即要么复制它,要么自己去改变它。可以说,资产阶级的清单结束了。相反,苏联世界的清单还需要去做。

首先,是事实。对秘密的爱好消失,一份没有限制的文献给予了作家。他现在处于一个不断发现的阶段,一个心理学家好像存在于我们身上的阶段。而一个研究的新制度刚刚为他打开一个未知的领域。面对世界,苏联艺术家更像刚开始的弗洛伊德,而不像法国作家。

这一事实造成的结果是苏联文学中对人物类型的重要研究。读者通过人物类型对新世界有了认识。我认为,一个国家的生活中集体或新阶级的到来直接说明了伟大艺术家通过人物类型自我表达的可能性或必要性:"因为我刚才所说的关于苏联艺术家的一切几乎都可以用来放在巴尔扎克身上,从社会的角度,他也面临着同一个问题。"

第二点:人的清单。

很多人谈及苏联人并试图为其作心理分析。然而理论在此处似乎是不够的,其他途径可能更好。一段时间以来,肃清党纪的人员已经对成千上万件案子进行了评判。这些评判说明,苏联人还没有被体系化。因此,将这些巨大而且常常看起来十分悲壮的文献聚集起来,得出结果,比寻求新人类的理论可能要更为有益。

我们常常怀疑这一点:处于建设中、时常被威胁的苏联社会不得不让人身负重任。但是,要注意,这种怀疑只针对个人。对人类而言,相反,苏联人可能给予了从未有过的信任。由于相信孩子,他们使之成为先锋队员。由于相信沙皇的女人(即欧洲女人,她们的生存条件更低下,更痛苦),他们使之成了苏联女人(即代表最大的意志和觉醒的女人)。他们与暗杀者和小偷一起建造了白海隧道。和被弃的孩子(他们大多是小偷)一起,他们创建了再教育公社。在一个节日里,我看到一支曾被遗弃的孩子们的队伍到达红色广场。我看到人群对这支被拯救的队伍欢呼。

最后是英雄。通过削弱金钱的重要性,苏联找到了充满正能量的英雄,就是活着的英雄常常做的:将生命奉献给其他人。金钱力量的丧失让人的原始力量变成英雄行为。如果大炮商不存在,而且战争不会有利于任何人,人在战斗中就会有这一原始力量——普罗米修斯(Prométhée)的力量[……]

因此,我认为,苏联艺术的基本问题在于恢复了客观性。有人会跟我们说,艺术家的个性会变得怎样?我不认为他的个性被削弱,而是他的方式有所不同。他不再通过保证,而是通过选择来行事。

刚才珀斯纳说,苏联艺术的现有方式是社会主义现实主义。我觉得他要让大家明白的,是这种有效的强有力的方式。但是,我坚持这一点:现实主义的意识对苏联而言最重要,因为它带来了一种浪漫的现实。内战,战争共产主义,五年计划,建设,保卫前线,自主共和国,这一切都产生了一种悲怆或风景如画的现实,从而赋予现实主义所需要的一切并将之超越[……]。

最后,我认为苏联社会的最终成果就是重建人道主义的可能性。人道主义可以是人对他所接受的文明的基本态度,就像对他所拒绝的文明来说,个人主义是他的基本态度一样。重要的不是人的个性,而是人的密度。人所捍卫的不是将自己与他人分离,而是使自己和他人团结起来。

这是一个伟大的时代。在这个时代里,人的团结不是通过初领圣体的画面来体现,而是通过其他东西。我认为,即便尼采重新采取了无理性的态度,并让自己上升至扎拉图斯特拉的高度,我们还是会超越一切可笑的情感,重拾人类团结的价值观,让强有力的博爱赋予人生命意义。

《公社》,1934年11月

为了台尔曼

1935 年 12 月 23 日季米特洛夫
释放两周年纪念之际发表的演讲

同志们：

你们中听闻过台尔曼的人，一定会记得他在来布里耶发表演说时说的那句话："我是与听我演说的革命法国在一起的，要知道我将一直和它在一起。"

我认为，我们可以为自己讨回公道。而快两年了，法国却没有和他在一起。[……]

经常有人对我们说：这样的会议又有什么用呢？我们也不厌其烦地回复说：就是这些自愿到来的人们才让那些在监狱里的人能为了他们而活着。人民知道，如果像解放委员会那样的行动是徒劳的，资本主义就不会花尽心思宣传。我们在这里自愿做的事，我们的敌人却到处用钱来收买。

今晚我本不该发言，但我想要在你们提及的殉道者之外，再加上一个名字,一个你们现在还不太了解的名字。我希望大家对他的名字更加熟悉。他就是路德维格·雷恩(Ludwing Renn)。

今年他应该被释放。我们希望竭尽所能让他被释放出来。

雷恩是德国最伟大的作家之一。他是军官。由于他认识不少战争组织,因而他对共产主义运动的参与曾被视为是极度危险的。

在这里没必要强调无产阶级和知识分子的关系:那些并肩作战的人不需要去争辩为什么他们会在一起。我还是要说,雷恩和你们在一起,不是因为他在你们身上看到了未来,而是因为他属于那一群想要重新赋予生命以尊严意义的知识分子。

同志们,让知识分子只在你们的胜利前夜赶来,请抓住机会……

我们和他在一起,因为他是高贵的;他选择成为共产主义者,因为他是军官;他选择为抗战而写作,因为他是作家。他本来可以逃亡,但却选择了为其思想语录肩负责任。而在等待判刑的时刻,他说:

"我是共产党员,至死不渝。今天你们胜利了,你们处罚我们。这是制度。但是,要知道,此时此刻,我为自己的思想负全责。当人们强迫我说其他的事情之时,也是我停止成为人之时。"

同志们,隔离审查要求我们有加倍的勇气。但是,雷恩重又陷入法西斯的巨大沉默中。这个人说,他来到我们中间,是因为他希望得到强大的博爱,这种博爱,他于战争中寻求,却一无所获;他在反抗中期待着,最后在革命中找到了。这个人说:"如果有一天,我被判刑了,让那些我为之奋斗的人们和我在一起……"今夜,在这个会堂里,大家从我的言语之间听到了汽车的声音。在节日前夜的七分钟,在这个地方,你们中无人骚动,见不到同志的胳膊。在这个聚集博爱光明的会堂里,让人道主义的话语超越我想要说的,当我以大家的名义对台尔曼,对雷恩,对所有被囚禁的同志们说:"同志们,当你们处于孤独和黑暗中时,我们和你们在一起……"

雷恩,您说过,"当我是一个人时",您说的是大写的人,而这群人聚集在这里就是为了证明这个大写的人。不仅仅是我们身边的这群人,还有一群不相识的人,他们是你们期待的默默地守着各个监狱的一群人。为了你们能与季米特洛夫和共产国际在一起,这群人想要通过他们沉默的行动及其受难的首领来做些什么。

让·得·莫罗-吉亚菲力(Jean de Moro-Giafferi),安德

烈·纪德,安德烈·马尔罗,巴斯德·尼克(Pasteur Nick)主编,《为了台尔曼》(Pour Thaelmann),1935年12月23日,世界出版社。

艺术作品

1935年6月21—25日在巴黎召开的国际作家文化保护大会演讲词

我们是在非常糟糕的条件下举办这次会议的。只有少数人赞同,而且几乎没有钱。请大家看看门口布告牌上的剪报吧。在一些人的怒火,尤其是在多数人的沉默中,我们知道这次大会开幕了。

我们竭尽全力给更多的观众一些书,这些书在他们国家已经失去了读者。我们决定通过聚会团结移居海外的同志们,那么这次大会没有白开。

但是它的意义也不在于此。我们中的每个人,作为人,必须明白我们不是为个人而战斗。但是别低估了这种通过荒诞的军事偏执狂热进行思考的力量,这种力量使得不能回来参加大会的巴尔干的同志们不论愿意与否,今日均得以用法语或英语重返大会,因为这次大会将会为他们翻译。

在这里，我们大多数人都谈到了要保护文化。但是这次会议最强大之处在于，它使我们明白，其实这个问题不应该这样提。

我来解释一下。

当中世纪的一个艺术家雕塑耶稣十字架时，当埃及的雕塑家雕刻双葬人物时，他们创造了可称之为物神或者圣像的物品，而并没有意识到这是一件艺术品。他们甚至没有意识到这还会存在。一个耶稣十字架为了耶稣而存在，一个双葬品为死亡而存在。而有一天，人们如果为了观察这些艺术品的大小或线条，想要将之置于同一个博物馆，这些艺术家们很可能将之视为一种亵渎。在开罗博物馆(le musée du Caire)一个封闭的柜橱里，有几个小雕塑，是人早期的模样。此时，我们才更清晰地认识到双葬。他在沉睡中抛弃了人类，然后死亡。当我经过此处时，我面前有一位游客仔细打量着雕塑的外形。我在想，如果在尼罗河(Nil)的某处，三千年左右，一个不知名的雕塑者第一次雕刻出人类灵魂时，他如果能料想到今日艺术品陈列的结果，一定会晕过去。

一切艺术作品都是为了满足某种需要而产生的，但是只有出于酷爱之需才能创作出艺术品。然后这一需要从艺术品抽身而出，就像血从身体里被抽出一样。此时艺术作品开始了其神秘的转型。它进入了阴影区域。只有在我们自己需要和酷爱时,艺术品才会显露光芒。在一支长长的盲人队伍里,在他们的白眼前,艺术品只是一个大雕塑。必须引领其中的一个盲人走向雕塑,才能让他们睁开双眼。100年前这些我们最需要的作品却是最被忽视的。200年前鬼脸的定义还是哥特式的灿烂和挤眉弄眼的笑容。一件艺术品既是一个物品,也是和时间的相遇。我清楚地知道我们已经发现了历史。一些作品在仓库时就缺失了爱,在博物馆里也可能缺失爱,但这并不好。离开了爱,任何作品都是了无生机的。

但是,这种大运动是有意义的。艺术,思想,诗歌,所有人类的古老梦想,我们需要它们才能生存,而它们需要我们才能重生。需要我们的热情和愿望——需要我们的毅力。它们不是死亡后清单上的家具,而是像亡灵一样在古老的地狱里急切地等待着活生生的人的到来。不论我们愿意与否,我们在创作它们的同时也在创作我们自己。龙沙(Ronsard)通过创作活动使希腊复活,拉辛(Racine)让罗马复活,雨果让拉伯雷(Rabelais)复活,科罗(Corot)让弗美尔(Vermeer)复活。没有哪部辉宏的个人作品不会烙上时代的印记,激起沉睡的历史辉煌。遗产不是被继承的,而是被征服的。

西方的作家们,我们和你们一起在进行着一场艰难的斗争。苏维埃同志们,你们在莫斯科大会上放置了很多最古老的光荣肖像,你们的文明用鲜血、病痛、饥饿保护着这些肖像,但是我们从你们的文明中所期待的,不是尊重历史,而是因为你们,它们的新面孔又一次被揭开。

我们的会议再一次赋予过去以新的面貌,尽管它还存在不足和争论,但千百个不同汇集在我们的共同意愿下。当我们只是这个时代的其中一面时,当一切的不同基于死亡的博爱而妥协时,我们希望这一意愿就是大家聚集在这里的原因。

因为一切作品变成了象征和符号,但却不总是相同的东西。一件艺术作品可能再现。百年的世界只有在人类的现实意愿下才失去意义。

我们每个人,每一个独自寻求魂灵继承的人,应该在自己的领域里通过个人的研究重新创作,打开盲人雕像的眼睛,通过意志的希望和农民革命,用人类千年的痛苦让人道主义觉醒。

《公社》,1935 年 7 月

回复示威的 64 人[①]

1935 年 1 月 4 日,巴黎国际作家文化保护协会第一届大会上的演讲

我并不强调诸如无序无政府国家的概念,这些概念将五年计划的混乱无序和高加索人地窖的浑然有序对立起来。

反动知识分子,你们说:"几个野蛮部落为了一些不可告人的利益联合起来。"的确,这些由利益驱使的人指的是埃塞尔比亚人(les Ethiopiens);而且,他们想要将意大利文明化。我觉得你们的那些追随者喜欢嘲讽,随意辱骂或恶意中伤那些与你们持有不同原则而为自我辩护的人。这种癖好让埃塞尔比亚人想要竖起一个牌子:"士可杀不可辱。"颂扬刽子手后

[①] 这一回复是指右派知识分子对《西方防御》(Pour la défense de l'Occident)签署一事的示威回复,又称《六十四人示威》(Manifeste des 64)。由于墨索里尼(Mussolini)军队入侵埃塞俄比亚,这些知识分子抗议法令的威压,按照《凡尔赛和约》(le Pacte de la SDN),这一法令极可能会在意大利施行。

还得上交那些殉道者,而这似乎更有用,因为这些人永远无法违背自己的心。而且你们要求收回所有他们的贞德(Jeanne d'Arc),而你们本来要将之和英国国王一起烧死,并将她们和法国国王一起烧死。

我更赞同你们以拉丁秩序团结在一起的欧洲思想。几年来,你们看到了西欧的问候。但是你们想要坚持不懈地将欧洲的命运托付给这个拉丁秩序,然而命运却不断地丢失它!在上海、新加坡、马尼拉(Manille),谁意味着欧洲? 一方是英美新教徒,另一方是苏维埃主义者。而所有你们的价值观则向我们预告着,一个胜利的意大利最后可能成为你们攻击的英国五十年来的样子。

世界并不了解你们想要维系威望的西方文化。西方,对世界来说,不是你们想象的那样。日本比你们先成为法西斯国家。而对于其他国家,你们也很清楚,法国不是拉辛,是莫里哀(Molière),不是约瑟夫·梅斯特(Joseph de Maistre),是司汤达(Stendhal),不是拿破仑三世(Napoléon Ⅲ)的诗人,是维克多·雨果,不是你们十一位科学院院士签字者中的任何一位,而是安德烈·纪德和罗曼·罗兰。

因为你们可以使用一个你们所谓的文明手段。而实际上你们却靠这个方法否定了一切:因为征服今日带来的是民主意愿的阴影。这些所谓的民主意愿在这些大城市里取得了胜利,你们可以称之为文明。我们知道西班牙是如何文明征服秘鲁人(les Péruviens)的。

西方技术征服是显而易见的。但是如果技术权威意味着具有征服权利,那么美国应该开始殖民欧洲。而且当这些技术征服真正对一个国家有用时,付薪的西方专家将可以比国家公务员更好地运用它们。

殖民实际上不像一开始看起来那么简单。以征服时期的某个亚洲或者非洲国家为例,将它和时隔多年后的它进行对比。但并不是将拿破仑三世统治下的交趾支那和今日的交趾支那进行对比,而是印度支那和暹罗(la Siam),摩洛哥和土耳其,俾路支斯坦(le Bélouchistan)和波斯的对比。

很显然,根据你们的价值观,你们所说的被文明化实际指的是被欧洲化。不要讨论那个。但是哪些民族现在被欧洲化得更快?是那些你们控制不了的民族。哪一个国家是唯一一个至今保留科举制度的国家?不是中国,也不是日本,而是安南。自由暹罗试图废除的东西,正是柬埔寨和缅甸要保留的。而暹罗部分由付薪的白人掌管的医院和柬埔寨的医院一样,但是在柬埔寨的医院没有暹罗十分之一的不幸者。他们本也可能是不幸的,因为我们通过那些和尚想尽办法阻止病人离开。在技术秩序下,世界被欧洲化了,但是相比自由国家,殖民地没有更多地被欧化,而是更少……

这一时期,阿比西尼亚(l'Abyssinie)需要专家,而我们送给他的是大炮。如果阿比西尼亚赢了,它不会比战败时更多或更少地被欧化。

应该可以选择。要么不给工作任何政治权利,西方技术只有给薪水的权利,这就可以了。要么给予工作政治权利,那么现在开始你们要将法国变成苏维埃,将工人变成专家。

这就是事实。再谈谈价值观吧。你们反对所谓的罗马西方传统,这是我们所维护的,却是你们称之为虚构的东西。

虚构,是!你们所夸耀的那两个罗马,它们给予人类的,也是虚构。在教堂里聚集2000个失势者,我们才能创造两千个活生生的人。信心不一定总能支撑起人,但是怀疑却一定会让他们躺下。没有任何文明——甚至没有任何非文明——会比将人类最古老国家的神话从人们身边夺走更强大的了。但是非文明让人类为神话牺牲,而我们想要的却是让神话为人类服务。

文明,是尽可能有效地让人们的力量服务于他们的梦想,而不是让梦想服务于武力。

法国同意实施的这些经济制裁,是以古罗马让你们为之奋斗的西方文明之名实施的吗?罗马赋予西方文化的不是分崩离析的帝国,不是让整个欧洲成为孤独之地的无穷无尽的地方战争,而是使这些纷争停止的罗马人的权利。不是战争,而是战争条例。这次论战中最响亮的那个呼声,就是古罗马的呼声。你们知道罗马人的权利是如何定义的:忠于协议。

最后,来谈谈你们对于人类的重要概念:——西方将历史的辉煌和创造性的美德归功于人类。

首先要明确我们要表达的内容。西方历史的辉煌仅仅在屈指可数的几个世纪中有意义。查理大帝(Charlemagne)与成吉思汗大帝(Gengis Khan)和帖木尔(Timour)相比会显得有些微不足道,后者拥有一半亚洲,他的军队刚刚在尼科波利斯(Nicopolis)将基督教徒像石膏一样打败后,又在两天之内消灭了土耳其军队。当马可·波罗(Marco Polo)在中国发现一座拥有一百多万人口的城市时,他认为威尼斯也不算什么了。16世纪的瓦卢瓦(Valois)宫廷和波斯王储的宫廷、中国帝王和日本帝王的宫廷相比会是怎样的呢?当波斯建筑矗立在有四列大树的伊斯法罕大街(les grandes avenues d'Ispahan)上,装点着同协和广场一样恢宏的皇家广场时,巴黎四处还只见一些小街小巷。凡尔赛宫(Versailles)和北京的紫禁城相比还只能称得上是小作品。仅仅在百年之内,一切都变了。为什么?

因为西方发现了知识最有效的功能不是征服人类,而是征服事物。

没有任何文明(不论是白种人的,黑种人的,还是黄种人的)是由战争开始的。它开始于法学家或者牧师致力于将战争文明化的时刻,它开始于有权利辩驳事实的时候。一切文明都意味着觉悟和对他人的尊重。所谓的新当然不是指人类解放了——他还没有解放——但是他可以得到解放!同样,也在于他能够将所学的知识传递下去而不是隐藏起来。反动知识分子们,西方的创造性美德产生于你们为之保护的死亡,产生于被削弱的等级制度,以及与我们的社会相比没有那么"西方",反而更接近亚洲的旧社会的结束。你们对等级制度的意愿,不是西方的,也不是罗马的,而是印度的。

意大利的秩序历经 200 年才能与中国的社会结构相匹及。不是耶稣会教士打开了黄种人帝国的大门,是机器。西方没有创造秩序价值观,他创造了不断改变的契约价值观。你们所称之为的历史辉煌,归功于人类的战斗目标不仅仅是成为人,归功于这一目标将工程师置于战士之上,归功于这一目标从笛卡尔(Descartes)到马克思,通过古代法师之眼看着充满生物和死亡事物的无尽世界,他决定不停地简化其大小,将之转换变形,并扔向那些可以触及他们的人。西方创造了反对质量文明世界的数量文明。我们现在的任务就是将质量给予人们,就像浴血和饥荒之后,莫斯科和柏林烧毁的图书馆。

传统对我来说不重要。但是创造性的美德(vertu)却悄无声息地培养着自由人。不是社会等级,不是作品,而是人。宇宙由不同元素融合而成,正如法国由各个省份组成,而不是由等级制度形成。除了世界的转变,这些美德要聚集受其培养的人,就像痛苦一样,但是却比培养他的一切更大。人不是一种特权,人会利用一切回避你们的东西和一切否认你们的东西。

《公社》,1935年12月

关于文化继承

1936年6月21日伦敦作家文化保护协会秘书处扩大会议上的发言

某日,一位男士来访。他刚在监狱待过几年,因为他为一些被追捕的无政府主义者提供了庇护。这是一位知识分子。他与我谈及他的阅读:"在监狱里只有三本书值得一读,那就是《白痴》(L'Idiot)、《堂吉诃德》(Don Quichotte)和《鲁滨逊漂流记》(Robinson)。"

在他离开后,我将这句让我颇为疑惑的话记了下来,并试着去理解他选择这三本书的缘由。我发现,三本书的作者中,有两位(陀斯妥耶夫斯基和塞万提斯[Cervantès])都服过苦役,第三位(丹尼尔·笛福[Daniel De Foe])亦曾带着枷锁被示众。他们三人都写过关于孤独的书,这些书描述了活着的荒诞的人们。这些人可以忘记某处苦难和刑罚的存在而活着。这三位作者都描述过孤独的复仇,从地狱回来的人对世界的重新征服。陀斯妥耶夫斯基写道:耻辱的惊人力量,梦想和劳动的惊人力量……但重要的是要把握住这个孤独的世界:艺术家将所受到的苦难转化为一种征服,观众将之转化为对征服的想象。

悲剧极其粗暴地带来一个让我们每个人都颇为疑惑的问题。艺术的作用在于可以让人们远离人的境遇,不是逃离,而是掌握。一切艺术都是一种对命运的掌握。文化继承不是人们应该尊重的所有作品的总和,而是可以帮助他们生存的作品的总和。

我们的继承,是回复我们疑问的声音的总和。牢狱文明或自由文明,像犯人或自由人一样,将他们经历的过去重新排序。

一个民族的艺术传统是一种事实。但是屈从于传统观念的作品却建立在误解的基础上。一个作品的征服性力量不在于作品本身,而在于该作品和它之前的作品之间的差异性。在我们看来,乔托(Giotto)是文艺复兴时期的一位艺术家。而对于其同时代的人来说,他的绘画比生活更真实,不是因为绘画本身,而是因为乔托对拜占庭绘画的突破。艺术作品的决定性语言在于其深刻的不同之处,一切作品均因为差异而产生,最后逐渐成为个体。审视一部作品和传统的关系即审视其和一系列作品个体的不同。赋予我们周遭现代艺术以新生命的新突破依次排序,以此种方式让一系列作品的个体存在且不会受到任何偏见。

人对继承(heritage)的适应不如继承对人的适应。一切继承的顺序在于改变现状的愿望,但是这一愿望常被局限在某些琐事上。瓦托(Watteau)得了肺结核,因而不得不放弃跟随鲁本斯(Rubens),以完成他自己的系列风流节日画作。而肖邦的肺结核则使得他局限在让人撕心裂肺的音乐里。愉悦或不幸,这是艺术家的命运。他让命运发出呼喊。但这是选择这些呼喊语言的世界的命运。

首先,我想在这里阐明,我们的意愿能融入怎样的命运中。

在艺术这个字眼下,我们预计了两种不同的活动:一个,我称之为修辞——希腊艺术家的修辞,不论是文艺复兴的还是现代的——作品没有艺术家重要,艺术家在作品中会加入自己的东西。另一个——中世纪,埃及和巴比伦的活动——艺术家没有作品重要。在第一类活动中,重要的是艺术家在场,在第二类活动中,作品比艺术家重要。一个作品能脱颖而出的重要价值在于:如果我们认为耶稣是为大众而死的,艺术家在雕刻一个耶稣十字架时,对大众这个词的现代意义又是怎么理解的?尼俄伯(Niobé)的痛苦只涉及她自己,艺术家毫不费力地将之引入作品;圣母(Vierge)的痛苦和所有人有关。

当古代雕塑者应该出现时,基督雕塑者就应该消失了。

雕塑者消失,并不是不伟大。不这么构思的艺术家和其他艺术家处于同一高度。艺术家怎么构思的并不重要。重要的仅仅是——而且几千年来一直如此——他无需与世界商量被要求展现、改变的形式,他在雕塑身上展示着真相。在雅典,沙特尔(Chartres)或林肯。但是几个世纪以来(尽管我认为艺术创作行动在本质上是一样的),艺术为了艺术家的个人存在愿望而失去了展示真相的愿望。

在艺术上,我们并不信仰木架上的耶稣,但是却相信耶稣十字架这个艺术品。在一个圣像中,重要的是圣像,在塞尚的作品中,重要的是塞尚本人。然而,大众艺术却总是真相的艺术。逐渐地,大众不再去看艺术,不再在教堂侧面邂逅艺术。技术必然让艺术走向大众。

三十年来,每种艺术都创造出它的印记:收音机,电影,摄影。艺术的命运经历了从一部不可替代却被其复制品糟蹋的杰作,到被复制的杰作,而且复制品让其独特性荡然无存的过程。那就是电影。电影邂逅了一种文明的全部,在资本主义国家有卓别林的喜剧,在共产主义国家有爱森斯坦(Eisenstein)的悲剧。

造型艺术历史上唯一有价值的照片是黑色的,绘画,就像意大利人一样,价值无穷,颜色在绘画中(如彩绘玻璃窗)被忽视,强大而固定的绘画,其演变主要在于其热情洋溢却不知名的颜色(拜占庭的绘画)。而我会强调摄影的重要性么?造型艺术的文化继承尤其和其复制能力相关。当艺术情感从对独特物品的欣赏发展到在一个可以无限更新的场景前漫不经心或粗暴的抛弃时,我会像本杰明(W. Benjamin)一样强调艺术情感本质的变化么?没有人会相信阅读一首武功歌和听阿爱德(aède)唱行吟诗相似,阿爱德首先使用的是与口才有关的方式,印象使得诗人局限在文学中。

然而,又一次,艺术家对其创作行动的意识在改变。对我而言,我十分乐意看到在人类情感的基本领域,人们能重新产生情感的相通。人道主义总是在艺术中寻求那不为人知的语言。我很高兴我们有时能够起到这样的作用:唤醒被人们忽视的伟大或尊严;我很高兴通过我们的艺术或者是我们艺术未来的转换,可以让越来越多的人觉醒。伦勃朗(Rembrandt)的照片将我们引向伦勃朗,而糟糕的绘画作品不会。

而我们是高兴还是忧伤,其实并不重要,重要的是这一新的事实是我们文化继承的传递条件。通过这一传递,文化继承改变了性质。

请注意:我在这里不是要捍卫一种由大众领导并服从大众的艺术空想。这种空想只是想要普及资产阶级个人主义文明的艺术,并使之成为一种新文明艺术。它和我们通过普及罗马模式来做哥特式艺术的观点几乎同出一辙。艺术违背了其特殊的逻辑。只有天才能发现这一无法预见的逻辑。19世纪的造型艺术最后变成了雷诺阿(Renoir)的大巴洛克艺术,摩天大楼开始于塞尚,但是没有什么逻辑能够预知塞尚的风格。

19世纪欧洲文化继承的改变依赖于对多种艺术的发现和期待艺术作品蕴含积极特征的意愿。18世纪的西欧鄙视哥特式雕塑,因为雕塑不具有强大的表现力,缺乏对古典艺术的表达力。从一部分继承中,我们很难得出这一消极看法。很显然,什么都喜欢等于什么都不喜欢。至少,我们知道,一种不能帮助我们生存的艺术也许会有助于其他人生存,我们也学会要在博物馆里尊重这些沉睡着的未来激情的存在。

一般来说,我们可以说,在艺术上,16世纪发现了历史,19世纪发现了地理。在这些表面的关联中存在一种深层的关联。首先,英国人去了雅典,然后,帕特农神庙的雕塑来到了伦敦。今日,雅典和帕特农神庙通过周报和电影为每一位英国人所知晓。尽管现在艺术家和世界之间的关系是不可预知的(我对此表示怀疑),但是在西方,甚至在全世界,一切文化的发展都会给艺术增添一种新的语言。这就是我们的意愿可以发挥作用之处。

技术推动西方艺术越来越走向大众,这不是偶然的推动,而是基于大众或是清晰或是糊涂的观念。不是最糟糕的观念,而是最好的观念。我不是说一个政府的行动不能在大众的消极或悲惨的元素中发挥作用,我是说,艺术家只有在自己遇到昂扬积极的创作元素时才会进行创作。就像所有重要的艺术变化一样,我们文化的变化让艺术家感到不安,因为这种变化要求他有全面的发现,因为这种变化限制了他的天分。但是,我认为群众是艺术家创作的丰富源泉,因为,艺术家从群众身上汲取了情感共通的力量。这些群众聚在一起听坎特伯雷主教(Cantorbéry)布道所能理解的东西,如果他们是独自一人,又有多少人能够明白呢?大众既丰富,也枯燥无味。我们的任务就是要消除枯燥,达到丰富。

法西斯吹捧本质的、顽固的、不变的差异——种族或民族。在"民族社会主义"(nationalsocialisme)里,有民族和社会主义两个词。这里,比较糟糕的词是民族主义。法西斯主义完全就是基于民族主义,基于此建构文化继承,基于此发展艺术。

但是,法西斯主义本质上是特殊的主义。自由主义和共产主义在无产阶级专政问题上互相对立。但却不是针对他们的价值观,因为无产阶级专政在马克思主义者眼中是获得真正民主的具体途径——一切政治民主若不建立在经济民主的基础上,均是一种圈套。对于将我们聚集在这里的价值观,我们的第一条分界线似乎是,在将艺术作品和知识推向越来越多的大人物的运动中,我们希望保持或重新创造的并非永恒和特殊的价值观,而是辩证的人道主义的价值观。它是人道主义的价值观,因为它是世界性的。因为,我们想说的不是德国人、日耳曼人,也不是意大利人、罗马人,而是整个人类。

法西斯艺术对描绘人与人之间斗争之外的事物无能为力,我常常对此感到震惊。对艺术家或他们自己而言,他们都是在同一个生命等级中。他们每个人都可以从一种职能转向另一种职能。但是,在突击队的士兵和一个德国农民之间,却存在着本质的不同。一个处于资产阶级阵营,一个处于非资产阶级阵营。真正的、无私的、法西斯的共通,只存在于军队秩序中。因此,法西斯文明最终会导致全民族绝对的军事帝国化。而法西斯艺术如果存在,则会引发对战争的审美兴趣。而从自由主义到共产主义,人的对手并不是人,而是土地。在与土地的斗争中,在人类征服物体的热情中,从《鲁滨逊·克鲁索》(Robinson Crusoé)到苏维埃电影,欧洲确立了最强大的一个传统。如果斗争是我们想要赋予生命意义的唯一保证,我们决定战斗,我们拒绝赋予战斗一个根本的价值观,我们想要一个思想,一个国家结构,一份继承和一份希望,它能最终抵达和平,而不是战争。在最和平的时候,几个世纪的艺术也存在战斗、悲剧和激情。

这就是最主要的原因。基于这些原因,法国区支持刚才我给大家介绍的方案。维护人道主义的传统是我们最崇高的任务之一,很显然,这一方案是不够的。但是,这一计划既是知识的传播,也是一种较量。这就是我们活动的意义。因为近500年来,西方称之为文化的,首先是对抗的可能性。

我说过,一切继承最后都会如我们所愿。但是,我们的期待,就像创造型艺术家在创作前的期待,是紧张不安的。文化每日有所期待,才能赋予过去一种特殊的形式,就像画家只有通过一笔一划,才能最终修饰整幅画。特别是对我们中的革命作家来说,想要用现有的无生命的继承来替代抽象逻辑预示的继承,没有什么比这更危险的了。文化面对过去,就像艺术家面对先于他的艺术品一样。艺术家在博物馆或图书馆里执着于那些伟大作品中的某个作品,在某种程度上,这一艺术作品使得他能进一步完成他个人的作品。人们认为美的物体会发生改变,但是人和艺术家也一直认为,那些能让他们能更好地表达自我、超越自我的作品是美的。不是人类服从于继承,而是继承服从于人类:不是古代文化让文艺复兴,而是文艺复兴让古代文化重生。当人类在兰斯(Reims)、班贝格(Bamberg)与上帝和解时,当基督教的二元对立在12、13、14世纪时在法国、意大利、德国变得缓和时,古代艺术就出现了。

当尼古拉斯·库萨(Nicolas de Cuse)在基督身上看到了完美的人,古代人物就要复活了。痛苦还在时,没有古代文化:西班牙的文艺复兴直接从哥特式转向巴洛克式。但是,当痛苦消失时,古代文化出现了。就像在阿西日(Assise)一样,想要在兰斯重现维纳斯的面容,就必须在第一个哥特式的雕塑上展现第一个微笑。

一切文明都和文艺复兴类似,他继承了过去可以让他超越的一切。继承不是一种传递,而是一种征服。但这是一种缓慢的,让人察觉不到的征服。请勿要求去订购文化和名作;而要让我们每个人明白,过去的选择——曾是人类的无限希望——是随着对崇高和意愿的渴望而做出的。

一切艺术的命运,一切人类称之为文化的命运,都在于一个理念,即将命运转化为觉悟:生理的、经济的、社会的、心理的,所有的命运,先去构想,然后控制它们。不是将一个清单转换为另一个清单,而是竭尽人类所知,让人可以更好地成为一个人,无限回复他的那些关于生命的问题的可能性。

人类日复一日,从一个思想到另一个思想,逐步按照他们最大的命运图景重新创造了世界。革命只给予他们尊严的可能性,每个人都要将可能性变成现实。为此,基督教、自由主义、社会主义、共产主义的知识分子们,尽管信仰将我们分离,但是我们要努力寻求能够让我们团结的意志。因为,一切崇高的思想,一切艺术作品都有重生的无限可能性。百年的世界只有在人类的现有意志中才具有意义。

《公社》,1936 年 9 月

III

戴高乐执政第一期

1939年9月3日,英法两国与德国开战。经过训练的安德烈·马尔罗决定参战。1940年他被捕入狱,在桑斯(Sens)教堂附近的一个集中营一直被关到8月份。后来他成功逃脱,去了法国南部。在那里,一些初期的反抗者逼着他加入他们的队伍,但他拒绝了。他认为美国很快就会参战,而要依靠他们的飞机和俄国的坦克,就必须等他们参战。他写了《阿尔滕堡的胡桃树》,1943年于洛桑(Lausanne)出版。1942年秋天,他在科雷兹省(la Corrèze)住下。1943年他和一些反抗者取得联系。1944年,他化名为"贝尔热上校",指挥洛特省(le Lot)、多尔多涅省(Dordogne)和科雷兹省的法国内战军部队,成功阻止了德军帝国师(Das Reich)的进攻。在图卢兹(Toulouse),他被捕入狱。但是这座城市得到了解放,他又重新加入战斗。他成了阿尔萨斯洛林纵队（Alsace-Lorraine）的总指挥。这支部队穿过法国，准备参与解放阿尔萨斯的战斗。这是法国第一支进入斯特拉斯堡的军队。这也是头一次作家的战斗未以失败而告终。

1945年1月他参加了民族解放运动大会。西班牙内战等因素使得马尔罗开始远离30年代的同盟者，日耳曼苏联条约（le Pacte germanosoviétique）无疑失败了。他很快又成为军队的一员，并一直打到了德国。在这场战争中，他在桑斯和抵抗运动中发现了法国的物质力量。

1945年8月，他遇到戴高乐将军，两人一拍即合，开始了彼此生命中特别默契的一段关系①。当月他就进入了6月18日组建的内阁。11月21日，他成为新闻部长。他做了一个计划，准备在每个省份创建一个文化之家，在每个城市创建一个博物馆，使得大家能够看到法国绘画最伟大作品的再现。但是1946年1月20日，戴高乐被党派的极端政体弄得心力交瘁，辞去了职务。安德烈·马尔罗旋即也辞职。

他于是专注于《艺术心理学》（Psychologie de l'art）的写作，但对公共生活仍感兴趣。他对政治人物不信任，对国家的

---

① 关于马尔罗介入戴高乐主义的行动，请参见雅尼娜·莫叙·拉沃编著的《马尔罗与戴高乐主义》一书，国家政治科学基金会出版社（Presse de la Fondation nationale des sciences politiques）出版，巴黎，1982年。

未来十分担忧。他不停努力,希望戴高乐将军能回归职位。所以,当1947年4月7日,戴高乐在斯特拉斯堡宣布成立法兰西人民联盟时,他十分支持。1948年他创办了《联盟周报》(le Rassemblement du peuple français, hebdomadaire),1949年他创办了《精神自由月刊》(Liberté de l'esprit, mensuel),并成为新运动宣传的总代表。他成为《联盟》的明星演说家,他向公众发表演说,意图让他们相信,虽然法国死亡了,但是如果在这个国家的可怕沉睡中,"将荣誉视为所向无敌的梦想的那个人回归政权"(《联盟》,1948年4月24日),法国就会重生。1949年以前,他还一直很活跃。这之后,他对国会的导向感到失望,又可能受到右派发展的影响。而且,和30年代反法西斯大游行氛围相比,艺术家、知识分子的氛围也已缺失,于是他便与政治疏远了。之后,他完全沉浸在他从未放弃过的艺术写作中。1951年,他将全部的作品重新拾起,将《沉默之声》(Les Voix du silence)呈现给读者。然后,他出版了《想象中的世界雕塑博物馆》的几卷本。在此期间,戴高乐将军在几次选举失败后,停止了法兰西人民联盟的活动(1953年5月6日)。

安德烈·马尔罗四处旅行。在一段时间里似乎远离了政治。他只是在皮埃尔·孟戴斯(Pierre Mendès France)短暂任总理期间(1954年6月到1955年2月),为了向这位他欣赏的充满活力的人士表示敬意而露了一下脸。

是阿尔及利亚将他带回到了聚光灯下。1958年初,亨利·阿莱格(Henri Alleg)的书《问题》(La Question)被查封,引起了左派阶层的强烈抗议。安德烈·马尔罗于是和罗杰·马丁·杜加尔(Roger Martin du Gard)、弗朗索瓦·莫里亚克(François Mauriac)以及让·保尔·萨特(Jean Paul Sartre)一起,同意签署一份给共和国总统的请愿书(1958年4月17日),督促当局停止这一行径。同样,阿尔及利亚战役让戴高乐回归了政权,让安德烈·马尔罗回到了公众舞台中。

人与文化

1946年11月4日由联合国资助于索邦大学召开的大会

通过在欧洲各地的对话,现在,一个让人迷惑的永恒问题在整个欧洲被提出来了。如果一开始不提这个问题,那我的演说只能沦为空谈。

19世纪末,尼采的声音在整个群岛上回响着:"上帝死了!……"他赋予其悲剧的音调。我们十分清楚地知道,这意味着大家期待着人能成为王。

今日,问题已经给我们提出来了,那么得知道,在欧洲这片古老的土地上,人是否死了。

如果这个问题现在提出,我们可以看到至少几个主要的原因。

首先,19世纪的人们强烈希望寻求科学、和平和尊严。

100年前,人们认为,人道主义带来的一切希望最后必然会产生一些能够服务于人的发现,会产生一些能够服务于和平的思想,会产生一些能服务于尊严的情感。

关于和平,我真的认为坚持也没有用。

关于科学,比基尼(Bikini)作了回复。而关于尊严……

糟糕的问题在19世纪并不是不存在。但是,当它重又出现在我们面前时,这就不仅仅是心理分析学家手中那个灰色的悲剧性木偶了,而是陀思妥耶夫斯基式的巨大而忧郁的天使在世界中重现,由它来重述:如果一个无辜的孩子被一个野蛮人排挤是这个世界的代价,那么我宁愿不要来到这个世界的入场券。

除了我们所看到的,除了这些城市幽灵和这些正在毁灭的城市,在欧洲还有一种更可怕的存在:因为被践踏的欧洲和它希望塑造的人类雕像一样正流着鲜血。

折磨对我们而言甚于痛苦。坚持也没有用:这个大厅里有太多男人和女人们,他们都知道我想说的是什么……世界上有一种本质的痛苦,存在于我们面前,不仅具有戏剧化的性质,而且具有形而上的特点。今日人类不仅无法回答他曾经想做的事情,他未来想做的事情,也无法回复他已经做过的事情。

然而100年来,文明的思想却很容易和精致主义的想法混为一谈,一个著名的例子应该可以让我们将之区分开来。

中国长期以来被看作世界上最纯粹的十分考究的国家。但是汉学家们知道世界上最严厉的法律,是被他们那些时代的大智者们,这些个性谦和的人制定出来的。

很难得出精致主义的思想就是文明的思想的结论。战争前文明的思想已经模糊了。它不再被还原为感知文明或者对过去认知的意志,而是走向对未来的希望。25年来,多元论诞生了,文明的古老思想是感知、风俗、习俗和艺术进步的文明,现在被新的文明思想所替代,即每一种文明独自创造自己的价值观系统,这些价值观系统并不相同,它们也不一定会彼此延续。例如,在埃及文明和我们的文明之间,有一个明确的分隔线,它将埃及人的主要思想和我们今日的思想分割开来。

二战中欧洲大部分地区接受了这一关于封闭世界文明的思想。大家知道这一思想产生于德国。尽管它很脆弱,但还是隐隐地取代了古代人创造文明的线性前进式思想。

注意,要理解一个消失的文明不能仅浮于表面和假设。可能我们对于一个埃及人的心理现实一无所知。但是我们知道的是,一些可传递的价值观通过这些封闭的文明传递下去了,这些价值观进入了我们的思想,我们正试图将它们整合起来。下面,我举一个极端却明了的艺术作品的例子。

我们中没有人会知道,一个公元前3000年的埃及农民在看着一个埃及雕像时,会抱有怎样的想法。也许我们在卢浮宫看这个作品时的方式和它在被雕塑时被欣赏的方式完全不同。但可以肯定的是,我们看到了某一样东西,它带有一种提示性的价值观,而我们也试着将它融入我们所称之为的文明之中。

在伦理学上也一样。犹太文明首先带给我们的是《圣经》,它带给世界公正的思想,但那时还未明确表达。

所有关于品质的概念也是一样。这让我提请大家注意这一关键点:真正的问题不是文化个性的传递问题,而是知道每种文化携带的人类品质是如何传递给我们的,它对我们而言意味着什么。

我们应该将两种问题分开:特定问题和形式问题。知道戴维(David)笔下耶路撒冷(Jérusalem)的某个犹太人是什么的问题和发现公正的问题;知道希腊艺术生活的发现是什么的问题和知道某个希腊航海者是什么的问题。于是我们发现,人类过去的问题在这里:

不论一种文化的形式如何特殊,它离我们如此之遥远,只有通过一种至高无上的形式才能传递给我们。

它的结构只占据次要的作用。而且教堂在这里没有任何重要作用,因为在这个领域重要的是诸神;军队一点也不重要,因为重要的是英雄们。对于你们中的人(学生,共产主义者,非共产主义者,自由主义者,或者其他人等),这都无关紧要。因为唯一的真正问题在于，要了解在这些结构之上，我们能够以什么形式重新创造人类。

我们正面对着欧洲人道主义的遗产。这一遗产如何呈现于我们面前呢？首先是作为永恒理性主义和进步思想的场所。所以得知道我们是否需要这两种思想，或者我们是否认为欧洲问题不在此，欧洲文化根本就是其他东西。

我认为，无论我们追求何种人道主义，它都无法使我们免于战争。而所谓最大的慈善世界——基督教或佛教，也不能消除战争，因为过去它们并未能使战争停歇。文化从未成为人类本质上的主人，只有在极度缓慢、小心的方式下才能达到，但是文化曾经是人类达到和自我一致的途径。在达到一致之后，人类可以试着对其命运进行深入的思考。基督教没有消除战争，但是他创造了人类面对战争的雕像，人类可以面对面地看到这座雕像。

我们不想谈得过多，但其实我们已经谈了很多。如果我们可以让面临诸多社会、军事和悲惨问题的欧洲，形成对人类的一种理念，一种它可以直接面对的理念，我们将会有很多的改变。

总之，这一对于人类的理念，当它突然出现时，是要反对什么呢？反对一切神和恶魔。这是对于人类自身的理念，它使得人类不是像往常一样通过外在的力量，而是通过自身的力量来逃离人类境遇。只有在对自我的一部分进行整理时,才能反对命运的巨大重压。在文化的理念中,对人来说,没有比来自为了他所承认的神圣的部分而自我命令的需要更深层的结构了。

整个世界都认为,崇尚自由的欧洲只在思考着自我的命运。但是,大家可能真是忘了,这其实并不是第一次。

在大逃离时代这也不会好到哪里去。我记得戴高乐将军曾看着科隆贝(Colombey)森林的无边景色说道:"在这个国家,直到4世纪一直存在着姓氏血统,从4到6世纪,再也没有姓氏的延续了……法国曾有2000多万居民,现在只有400万了。"他还说:"但是……法国还在。"

说真的,当成吉思汗的蒙古军队朝维也纳进军时,欧洲有好运吗?尼科波利斯战役(Nicopolis),甚至是莫哈奇战役(Mohács)的明天是美好的吗?这涉及生与死的领域,既不是文化竞争,也不是思想继承。那么在伦敦战役时,是否一切都很顺利呢?然而,在伦敦战役时,在英国,甚而法国,是谁在质疑欧洲价值观的精髓呢?

我们不是因为失败了才想到欧洲的死亡,而是因为失败之后发生的事情。

欧洲人没有死亡,但是无疑被抛弃了。他抛弃了自己的价值观。当他不愿意继续活着,就准备以不管是某个领导阶层或某个古老帝国决定死亡的方式那样死去。

现在,人被群体折磨着,而以前,他是被某个人折磨着。个人和群体都以同样的方式提出问题,偏离了本质的问题,因为本质的问题必须要负责。个人也许没有成为自己的义务,但是我们每个人都有义务用自己的方法来成为人……而首要的任务就是要构想如何成为人。

现在欧洲的价值观是怎样的呢?我们目睹了不少,因而知道它既不是理性主义的,也不是进步的。欧洲第一个价值观,是觉醒的愿望。第二个是发现的愿望。我们刚才在绘画中看到了这种形式的交替。这种反对逻辑精神的永恒争斗,我们在精神的形式中看到了。它拒绝将强制的形式当作信条。因为,无论如何,一些航行家可能会发现鹦鹉,但是鹦鹉却发现不了航行家。

西方的力量,就是对个人的接受。人道主义可能存在,但是得告诉我们,而且清清楚楚地告诉我们,是悲惨的人道主义。我们用信仰来面对一个未知的世界。我们是唯一愿意这么做的人。别搞错了:信仰和发现的愿望,作为基本的价值观,属于而且只属于欧洲。你们在科学领域以一种日常的方式看到了这些价值观。现在精神的形式通过它们的起点和研究的本质来定义。比起知道要去哪儿,哥伦布更知道他从哪儿出发。我们只能在悲剧和人道主义的基础上建构人道主义的态度,因为虽然人不知道自己要去哪儿,但却知道自己从哪儿出发,也知道自己的愿望在哪儿。

欧洲的艺术不是继承,而是愿望的体系,欧洲不是继承,而是愿望或死亡。

我们正在死亡中吗? 我刚才谈到了伦敦战役。当丘吉尔说:温泉关战役以来,一小部分人知道要拯救世界的自由。这是我们印象中的回忆。当我们某一天不再以嘲笑的口吻来谈论温泉关战役时,那并不是相信死亡的时候:那时,我们通常不会死。

欧洲文化看到她不曾有过的价值观。特别是,大家都知道,对进步的乐观(这个我们不再怀疑)现在并不是欧洲的价值观,而是美国和俄罗斯的基本价值观。

我们不在死亡的战地上。我们处在关键时刻,欧洲意志应该会记得,一切伟大的继承者都会无视或挥霍他继承的那些物品,而真正继承的只有智慧和力量。幸福的基督教继承者,是帕斯卡(Pascal)。欧洲的遗产,是悲剧性的人道主义。

从希腊开始,所谓的对神的反抗就已经出现了。不是维纳斯和阿婆罗诸神(les Apollons):而是命运的真神,雕像。希腊的悲剧欺骗了我们:它像在广袤的埃及沙漠里,从巴比伦诸神对人的压迫中突然出现的火红的幽灵。它是对人类命运的质疑,人开始了,命运结束了。至于《旧约全书》里的上帝——

在复活节那天,让它一方面复活人类,另一方面,又摧毁那些雕刻的人像!这就是中世纪基督的面孔,化为肉身的基督,不是在教堂里祈祷的有血有肉的人们,这是雕塑的人们。

一切艺术都是诸神的课。因为,人自己创造了诸神,但是他和世界一起创造了更高级的艺术,这个世界成了他的秘密之雕像的缩影:通过人道主义的方式让人类境遇突发巨响。

我们已经塑造了一些值得一谈的雕像,不仅是在艺术上,而且在广阔的领域中,人从自己身上找出自我控诉、自我否认、自我成长,或者试图长存的东西。从更高的孤独中,甚至从上帝那儿,我们也有了收获:地球上,除了我们之外,谁创造了那么多的圣人和英雄?亚述的英雄独自面对着无数尸体,菩萨一人慈悲为怀,米开朗基罗,伦勃朗,这仅仅是体积和颜色的关系?还是为了那些值得尊重的人将神圣的能力赋予雕塑的一些人呢?圣经的正义,公民们的古老自由,谁将他们强加到了这世上?但是我们刚才看到了,正义或自由很快就受到了威胁。超越他们的,是正在找寻它的欧洲。

我说它还在找寻自由。而且,直到新秩序建立前,它还在寻找。面对这陌生和还未被遗忘的折磨。当然,从一个世纪到另一个世纪,同样的死亡命运让人类屈服,但是世纪交替中,在这个叫做欧洲的地方——仅仅在这个地方——一些屈从于命运的人类不知疲倦地走向黑夜,让世界的巨大混乱变得明晰易懂,将他们的发现传递下去而不是为之保密,试图以死亡的身份构建一个短暂的世界,理解人类不是为自我肯定而生,而是为质疑宇宙而生。就像针对经历伦敦战役的英国,我们说:"如果这一切要死亡,那就让一切正在死亡的文化有一个美好的结束吧!"

但是,要像那些具有凶险的外表,吃惊地观看着现代这些焦虑的人一样叫喊。罗马被攻陷的欧洲,尼科波利斯(Nicopolis)战役后的欧洲,拜占庭(Byzance)陷落的欧洲对他们而言也许只不过是一次微不足道的骚动而已,伴随骚动的是坚韧的灵魂,它对伸向它的气势汹汹的巨型幽灵说:

"我们又一次,利用你们,为的是将人从泥土中拉出来。"

《十字路口》,1946 年 11 月 7 日

马尔罗如是说

和阿尔贝·奥利维耶的访谈

——马尔罗,您认为我们时代在精神层面的特征是什么?

——从(法国)解放战争开始吗?

——是的。

——谎言。

"您一年前问我,什么样的题目最适合一个新周刊,我的答复是:自由和精神。这一回复至今未变。"

您一定记得《希望》中的那一段对话。那个知识分子,他的儿子在一次战争中失明。在面对飞行员的提问时,他回复说:"新西班牙唯一的希望就是留住你们为之奋斗的东西,您,我的儿子还有很多其他人,将我们多年来尽力教授的东西——人类的自由——保留下去。"现在这一问题变得比在西班牙时更严重。

——在现行习俗中,我们经常将"人的身份"视同为一个特定的社会范畴。您怎么看?

——我清楚地知道,要以身份来定义一个阶层或者一个特权等级的情感,并不是一件容易的事。问题其实不在于此,这也是它既严重又紧急的原因。

在《希望》的片段中,您已经做了暗示。在索邦大学的会议上,您通过文化和文明寻求并领会人的身份。正如您所指出的那样,人类的身份转变了形式。既然如此,那我们的文化会如何发生呢?

——《文学》(Littéraire)杂志上发表了安德烈·布勒东的访谈,至少索邦大学关于毕加索的大会似乎有些让人思考的意味。不再是从左至右的过渡:毕加索没有去过索邦大学,而是索邦大学走近了他;安德烈·布勒东没有去《文学》杂志,即《费加罗》报社,而是《文学》杂志走近了他。一方是复制的画作,另一方面是声明,它们得以刊登在 1935 年最先进的杂志中,并没有让其名誉受到任何的影响。

新的事实是,所谓的艺术右派已不复存在了。

可以说,政治上发生了一些显著的事情,然而,却完全不是同样的问题。传统右派不再有深厚的力量,右派自称是中心(从庞加莱[Poincaré]到一些激进的内阁)却失了势;政治左派似乎是和文学左派以同样的方式获得了胜利。好。但是一个强有力的派别运动在整个欧洲开展起来。尽管存在一些表象和三党联合制(这并不是右派和左派在战前就存在的概念),这种派别化运动在整个西欧一直在持续着。

但在艺术上,我看不到派别化的产生。相反我看到一个派别的消失:当大艺术家无意识地成为控诉先锋,有意识地成为其他人时,这一派别就此开始。不再有被诅咒的诗人。尼采的声音今日失去了其最强烈的音符,因为尼采指责的那些人准备要附和他,或者假装附和他。

然而,想想看,所谓的艺术家和社会之间的裂缝(其实是其他东西:艺术家为反对他生存世界的价值观创造天分的需要)开始得很早。皮埃罗·德拉·弗朗西斯卡(Piero dalle Francesca)、米开朗基罗、拉辛和其他艺术家毫无区别,但是大家都欣赏他们。随着伦勃朗的过时,被人诅咒的艺术开始了。

在文学上,当伦理的说教成为文学的一个功能时,反抗从卢梭开始了。我们在《萨瓦代理本堂神父》(le Vicaire Savoyard)一书中只看到其中的一个异教创始人。需要知道的是,一个建立在说教上的异教和之前的异教之间有何关联。但是新的事实是,小说(文学人才济济)成了异教的表达方式。卢梭试图用一种伦理来替代一个结构削弱得厉害的宗教,同时也趁此机会用它来替代政治。但是他使用了另一种东西替代他所攻击的价值观系统:个人和政治系统理论,即民主。世纪中的时候，一切都改变了。波德莱尔(Baudelaire)没有像雨果继承卢梭一样去继承雨果：静默思想替代了连接魏特曼(Whitman)和雨果的天主教会(Thébaïde)。17世纪的艺术向共同的美学汇合，但是画家、诗人和音乐家却不知名。当不同的艺术发生分歧时，艺术家们互相认识，也仅仅只认识他们自己。在他们的封闭社会里，艺术占据了伦理的位置。它是人类存在的理由，是对世界几近永恒的控诉的辩解和表达方式。对国家，就像对宗教一样，保龄球选手马莱伯(Malherbe)虽不感兴趣却依旧服从，而波德莱尔（除了几天之外）不感兴趣，也不服从。

解放战争以来，悲剧《德巴依特》(la Thébaïde)胜利了。但是它未因为再也找不到构成其生命的一部分的敌人而深感不安，而且它对这个胜利也有些吃惊。应该由一个教会代替另一个教会，而不是一部《德巴依特》。这就是教会不惜采用一切哪怕是简单的办法，来寻求摆脱孤独的原因。现代文化的所有问题就在于搞清楚它怎样才能摆脱孤独。

"当然，我从未想过我们会重回宗教团体，在其中兰波(Rimbaud)或毕加索扮演着沙特尔画家的角色。胜利的左派丝毫无法替代它战胜的右派：它将另一种功能强加给了艺术。"

在艺术上，我不相信有一个新的中世纪。在美国和在苏联一样,在苏联也和在美国一样。苏联文化很显然是一种理性的文化。

——理性可以用很多方法来定义。但是它也意味着艺术创造以及艺术作品和公众关系的进步主义的观念。在《怀疑时代》的序言中,您写道:"个人反对集体,但是它可以从中吸取养分。您是如何看待在这个现实世界里他们彼此之间的关系的呢?"

——如果要我谈艺术创造、艺术作品及其关涉到的艺术之间的关系的看法,这会花费太长时间。但是我觉得我们时代的艺术并不面向所有的人,它将只面向无产者,唉!它以前也并不面向所有的贵族或资产者。

我觉得有必要让所有人都能触及艺术。在 17、18 世纪,艺术本来可以成为很多人的生命,可是这些人却和艺术没有任何交集。而且,尽管复制技术发展了,今天在很大程度上仍然是这种无交集的情况。

——那可能的解决办法是什么呢?

——我本想在每个省的省会建立一个文化之家(将什么都摧毁是荒谬的)。将充斥于省博物馆的蹩脚的文艺作品送到仓库里收起来。取而代之的是一百个散落在世界各地的法国重要绘画作品的复制品。它们以尊重伟大的原作、颜色丰富的形式呈现出来。在这样的情况下,建立文化中心,每个人可以免费支配所有的复制品以及所有的光碟,最后还有所有涉及文化的书,最能让人了解。

——这是一笔巨大的开支吧?

——一个版本五十个复制品适用于光盘和书,这保证了所有优质复制品的传播,而且无需花费一分钱。在优质电影的减税文本中提到,一年以后,减税电影的复制品要免费提供给中央文化组织,它可以使之传播开来。和想要将这一计划在大学实施的不同国家签订合约。这些国家可以为我们提供给他们的物品付款,从而承担计划总体的大概80万法郎的微薄开支,而且不会引起异议。

"我希望这个计划可以重新开始。"

——回到理性的话题,一个世纪以来,理性常常表现在根据社会环境或艺术家外貌评判、解释艺术作品上。您认为这些理论有哪些价值?

——我认为,运用于艺术的"环境哲学"不会走得太远。很显然,继决定论之后是马克思主义和精神分析(我只谈论它们和艺术的关系),它们和美学是相对立的。决定论和美学均占据了一个位置,就像我们十分想要看到改变视角一样。(然而,面对着大作品,读者总是希望对创作过程有一些了解。)但是,归根结底,它们具有十分负面的价值:如果法国革命没有让资产阶级掌权,很显然,巴尔扎克的作品就不会以我们所熟知的形式存在。但同样,如果巴尔扎克的母亲在她怀孕时就去世了,巴尔扎克的作品也显然不会存在。如果维克多·雨果没有心理学家所熟知且广为流传的"眼睛的麻烦",他的《良心》(La conscience)很可能也不存在。然而患眼病的人显然很多,而且其中有很多人还写了诗,只有维克多·雨果写了《良心》。而首先让我们感兴趣的,是诗歌的质量。

一直以来对艺术作品的兴趣来自社会秩序,一直以来人们对艺术感兴趣,首先是因为它的历史,哲学,就像马克思主义所带来的一切。但是自从主要问题成了质量问题以来,环境理论就解决不了什么大问题了。它们最多也就是在解释死亡,而不是在解释生命。

"一切诗歌都说明,为了诗人强加的特殊关系,事物之间的明显关系被摧毁了。"强加这些特殊关系的好方式显然是一种隐喻。当然,诗人所有的隐喻的领域也可能受限。我不是说军事文化(如亚述文明)为戴鲁莱德(Déroulède)创造了隐喻,我说的是,诗人对这一文明进行表述的隐喻系统,和战斗在其中起了重要价值观作用的情感及感受相吻合。主要在于:军事文明的隐喻不是军事价值观的理性表达方式;乡野文明的隐喻不是乡野价值观的理想表达方式。

"发现这些隐喻其实是诗人的才能,他在欣赏隐喻的时候调动了与其文化相关的情感,这些隐喻不是这些情感的理性表达方式。我们感兴趣的就是这一发现。它处于"环境"的内部,但是在成为艺术时又脱离了环境。

"在文化的特殊形式下,隐喻的广泛领域是可以分门别类的,容易让我们误入歧途的是,在这种形式下,人身上有一种永恒的感情:来自黑夜、季节、死亡、鲜血(一切宇宙和生理的巨大领域)。当印度人、荷马人、中国人和现代人重新呼唤情感时,我们在他们身上发现了永恒。我们在悲剧电影中重新发现了情感的永恒,它让人以为一切诗歌汇聚的隐喻也是永恒的,而实际上,这个宇宙的领域只有通过每个文明的特殊隐喻的呈现才能展现其力量。

"我记得,在西班牙时曾看到我们的一位飞行员受伤,在满是鲜血的歼击机里,血刚凝固,又有鲜血一股股涌出来。每一滴都是血,似乎又有了新伤口,不停地循环往复。光明的重现是悲怆的,因为它体现在这大地上,在这架飞机里,在这血里。这种体现使得这一场景有了如此难忘的音调。诗人发现了这种类似的持续的体现,并由此创造了诗歌。

"然而,环境哲学向我们阐明诗人也许不能体现的东西,但是对其体现的行为却不能作任何重要的解释。

——您的例子是针对永恒神话的体现。但是,您也说了,还有欧洲和现代世界。

——要知道我们对欧洲的想法并不是那么容易了解。除了(或者仍然处于)面临一个特别的危险之时,不同的欧洲国家更容易感受到他们之间的不同而不是相似。基督教让我们尤其相信欧洲。但是基督教的确是其他东西。

"它不是一种像联邦制一样的理性概念:它是各种苦难的结合。但是联邦制完全可以有一种政治价值观,却显然没有任何文化的价值观。

"我们有一种印象,或者一种幻想,即一种美国文化正在建立,一种苏联文化正在建立,而某个叫欧洲的东西(是否正在死亡,这正是问题所在),肩负着重担。

"也许可以认为,缺乏过去对美国以及苏联来说在某种程度上是一种力量。以无产者的名义要求获取世界遗产,就像苏联想要做的;缺乏传统和美国偏见。传统是一种文明,在其中,土地不扮演任何角色——市民文化——这些并不是消极的东西。但是在我们这个时代,复制品让人越来越少地拥有环抱整个世界的想象博物馆。西欧——尤其是法国——不断地将它们的观点强加在这个想象博物馆上。

"世界造型艺术的继承要以文化冲突的方式来呈现,这是毫无道理的。

"我已经说过,自从1940年以来,一种大西洋文化就在渐渐形成。但是从根本上来说,我一点也不认为这样的文化就是所谓的美国文化。我甚至认为它的某些价值观根本一点也不美国化,当然这是从我们今天所谈论的美国价值观这一层面出发来讲的。我认为,如果共产主义文化是基于欧洲之上,那么它的相当一部分价值观就不会是俄国式的价值观;并且我也认为,无论发生什么事,大西洋文化都深受俄国音乐的影响,正如共产主义文化也受到了美国电影的影响。

——我们现在已相当清楚一大部分的美国价值观和苏联价值观,因为这些价值观都是新潮的,但是和这些相比,在您看来还存在哪些欧洲的价值观,对于他人而言仍是陌生的呢?

——我亲爱的奥利维耶,采访应该像是一只有着浅色毛发的动物,对我来说是一个标志化的象征,象征一般都意味着比较泛的概念。比如米开朗基罗。我们已经多次谈论到艺术的非人化以及野蛮化的回归。的确,野蛮化艺术已进入我们所讨论的领域,并且我们业已敏感地感受到了它们的存在。但是如果我们统计一下那些经过我们最近这五十年的努力才得以复兴的画家,就会发现,这些画家当中就有格雷科(Greco),维米尔,皮耶罗·德拉·弗朗西斯卡,杜麦斯尼尔·德·拉·图瓦(Dumesnil de la Tour)。我们不仅仅是复兴了这些偶像崇拜,也复兴了西方最伟大的流派风格之一。

"塞尚所创造的世界并不是一个偶像崇拜的世界。再者,如果米开朗基罗和伦勃朗对今天的绘画领域毫无影响,他们对于我们而言仍然具有很高的文化价值。从某种意义上来说,我们所复兴的画家,与沙特尔、伦勃朗和米开朗基罗的画像具有某些共同点,就是后两者所体现的是艺术的最高点,无论是在美国还是在苏联都没有可以与之匹敌的。我们可以将之称为超群的意志。或者换句话说,我们一想到他们,就十分清楚到底是怎么一回事。

"现在要注意的是:我并不要求我们的画家都要模仿变成仿冒的伦勃朗,也不是想让我们的雕塑家模仿成为仿冒的米开朗基罗!我们现在正在谈论的价值观很显然也并不是通过一系列的隐喻来表现的。沙特尔一派的雕塑家的继任者,就是伦勃朗,而除了你,我也不知道还有谁可以成为伦勃朗的继任者。唯一一个知道的,或许就是那个最终成为继任者的人了吧!

"总而言之,从文化这一层面来看,我看不到任何可以与欧洲对抗的东西,欧洲仍然还是略高一筹。我并不建议我们成为米开朗基罗的食利者。我想说的是,欧洲的悲剧性和英雄主义所产生的回响还未灭亡,而且欧洲所扮演的角色就是从中获取一种新的体现。

——最近,大家谈到了单一文明这一话题。

——我想这一话题只是在玩文字游戏。简单来说,即使只存在一种文明,埃及文化显然也不会是中国文化。而且,我们的文明正备受质疑,这是很显然的事实。但是在我看来,还有一点也很明显,用我们之前看待其他已消失文明(比如埃及文化和罗马文化)的眼光来看待我们现在的文明,这并不完全可行。这是因为,在所有曾经存在的文明以及我们的文明之间,有一个基本的差异:那就是,对于我们而言,这些文化是在否定了先前文化的基础上而得以存在的。

"我们呼吁继承世界遗产,但除了要求继承一系列隐喻之外,可能也别无他求。当然,我们肯定是第一批呼吁继承世界遗产的人。至于是不是只存在一种文明这个问题,我这些年也在不断地问自己。但这个问题显然没办法只通过对科学进步的简单信仰就能加以解决,我们需要知道的是这种超越于其他文化之外的文明究竟是何物,也就是说基于人类概念之上的文明究竟是何物。什么都不是!这个问题也可能是对现代思想界所提出的一个最重要的任务了吧!"

1946 年 11 月 15 日,发表于《战斗报》

致抵抗运动的同志们

我们头一次在科雷兹省和多尔多涅省相遇。这是一片矮树林,长满了发育不良的橡树。你们隐蔽其中,因为德国人认为人不可能躲避在这片过于矮小的树林里。而你们爬行了600米才彼此汇合……在达讷马里(Dannemarie)的夜里突发火灾,将白茫茫的冰霜都染成了红色,我们都还在这座城市,聚在一起,在由德国犯人组成的第一支纵队的冗长影子前冻僵了。第一个自由的影子……

最终,我们相聚在这里,相聚在国民阵线,这和我们在阿尔萨斯穿着破旧衣裳的军队在很多方面都十分相似,我们与第一领袖并肩奋战。这是多少年以来法国终于找到了不愿再嘲笑的领袖?

你们说的有道理:这主要不是为了"市政选举的胜利"。

也不是为了和那些兜售纲领的商人竞争。他们声称和我们在一起一切都会好起来。

现在法国的命运十分艰难。1912年回归之后,一个法国人的组织(只有我们,没有其他人)命运十分艰难,事实并非如此。法国和法国的幸福不是在实践承诺时突然出现的,而是我们所要做的一切。不久以前我曾说过:我们是赤手空拳。今日更是如此。

某位部长,特别是勒内·梅耶(René Mayer),要求一些法国人作出牺牲。不,我们不会谴责这位部长。我们知道,我们是戴高乐主义者,不做出牺牲就无法重建法国(斯大林对此应该十分认同!)。我们想要法国人知道,他们的牺牲是有价值的,是出于为完成某件事情而服务的,不是为了某个党派战胜另一个党派:因为这对他们而言都是一样的。也不是为了一些毫无休止的协商,而这些协商就只是为了确保某个制度的生存:这对他们而言也还是一样的。

法国人想要共和国。至于党派,如果它们很好就最好不过了,如果它们很糟糕就可惜了……距离1940年的突然爆炸,已经过去了八年(炸弹过后,仍有片刻的宁静),随着震耳欲聋的那一声爆响,欧洲各个部分重又陷入制度的尘埃中……不管是杜尔哥(Turgot)接替内克尔(Necker),还是内克尔接替杜尔哥!我们之前是所谓的重农主义者,今日是技师,是末日的预告者。银行家们在讨论着,死亡的芦苇又一次在凡尔赛的池塘里显露出来。

我们知道。我们也承认——并不欢快地——必要的牺牲。就像那些解放战争时和我们在一起,而且精疲力竭(没有法国那么疲惫!)的人,现在他们在远处看着我们:这是战争的一尊古老雕像,这一博爱而疲惫的目光已经扫视过特洛伊城墙上的战士们了。我们中的那些不顾个人利益,即便可能毫无希望也决意要进行战斗的人也要算上吗?他们的数量远比自己估计的要多得多。

不论是凯末尔的土耳其,还是亨利四世或米拉波(Mirabeau)的法国,浴血的伟大国家常常是被一小部分人所拯救。一小部分人——但也不是很小部分——和其他人没有什么两样。总之,在地铁里,我们认不出带着武器装置或者炸药的反抗者的面孔。这些人是我们的同志,一会儿热情高涨,一会儿嘟囔抱怨,他们和所有那些创造历史的人,像是在自己家一样。历史很多时候都是在抱怨中变得伟大。但是,在平静的年代,诸位认为很多人难道就没有想过要成为这一小部分人吗?他们将抬起他们无法支撑良久的手,支撑这个再次倒下的庞大身躯,给予这个失明的法国以伟大的荣耀。啊,世界的希望在于这同志般的自由手臂上,从埃及到巴西,多少人还在黑暗中看着这些手臂在挥舞着。

当这个声音消失了,巨大的沉静很快就被保加利亚的绞死者打破了……但是,右派呢?左派呢?我知道,我知道!我们已经回答了:"我们不是右派,斯大林主义者不是左派,第三力量不是中间派。"听着:你们所知道的报纸声称,我们在布尔日(Bourges)的市政议员想要将饶勒斯大街(l'avenue Jaurès)更名为勒克莱尔(Leclerc)将军街。当然,这是无耻的谎言。人们所要求的是保留饶勒斯大街的名字,而不是勒克莱尔大街。

有一段时间,法国的形象就是对世界宽容大度(你们还记得莱茵犹太教徒的话吧:说自由,即是说,感谢法国……),曾经有一个时期,这种宽容大度也叫做饶勒斯。他的继承者社会党人,你们做了什么?拉马迪埃(Ramadrier)内阁……我们要清楚明白地告诉你们:我们会找到这个消失的声音。

不久前社会党工人与我们并肩作战,不论我们愿意与否,位置是自由的。让法国一端到另一端延伸出一条绵长的想象之道吧。这条道上聚集着那些刚说完"现在,只有法国了"就被暗杀的人,以及那些在荒野深处仍然心存法国的人。在这条绵长的路上,大度的手将破碎的剑牢牢握紧!这些也许未被理解的人因为死亡的博爱而聚集在我们周围。

同志们,我们当然还有很多其他的事要说。既然我是第一次在这里和大家说话,我首先想要向你们的心说话。我们将是占理的一方,因为一个不可逃避的命运日渐说明,我们占了道理。但是,要使得有道理真正具有价值,当涉及一些人的时候,也许就像我们周六已经做的那样,首先要共同找到自豪博爱的语言。

1948年2月21日,发表于《联盟》

自由与意志

1948年4月17日发表于
马赛-法国联盟的系列会议上的演说词

首先,和之前已经进行发言的学者一样,我在这里须向在座诸位明确一点,那就是,我们即将谈论的这个话题,是有一个既定领域的,仅仅局限于政治宣传方面。

我们的宣传方式,就是这张从前罗丹所画的海报:一个为了法国的命运发出希望的吼声的《共和国》形象。这样的一张海报,在你们所在城市的各面墙上随处可见。即使人们已将这些海报撕破,也不过是徒劳而已!没有什么海报能比被撕破的海报更具宣传效果;就像没有什么脸孔能比带伤的脸庞更加美丽动人。

在谎言精心炮制的技术面前,我们无法分辨其是否真实。但既然我们可验证真假,那它至少还是比较可靠稳妥的。不过,我们的宣传手段既不是一门技术,也并非耍小聪明,就这一点呢,我想在这里简要地谈一谈我的看法。戴高乐主义是一门充满活力的学派。如果我们掌握一门宣传手段,那么宣传的任务就是要维持一种情感,或者说是维持一种激情,一种自从自由法国时期以来,就一直紧紧把我们团结在一起的情感与激情;团结使我们得以维持一种正义的思想,一种曾经引领法国重获新生的正义的思想。这种宣传的目的,其实很简单,就是重塑法国人,这一点对于法国人而言,确实意义非凡。

在我们的努力下,法国已经重新拥有了她尤其需要的相当一部分思想。在我们的努力下,法国了解了人民所捍卫的民主思想。众所周知,这种民主思想纯粹就是赤裸裸的欺骗。民主政治需要我们来争取,也理应由我们来争取。如果有人在这方面弄虚作假,那么就无法称之为民主。

……

认清这一点之后,我们第一次,在这里对普遍利益做一个重要的介绍:一方面,普遍利益需要一个强大的仲裁为后盾;另一方面,出现普遍利益的前提是,要存在真正的混杂,在这混乱当中,我们的国家,我们的民族才能清醒地认识自己。[……]

普遍利益,是法国建立的基石。然而自从罗什(Hoche)和圣茹斯特逝世之后,法国早已把这种普遍利益忘却,因而今日我们在这里重述这个概念,让世人能对它重新加以认识。

我们最终想要让大家了解:当我们谈论自由之时——要知道,从前这个国家几乎等同于自由的代名词——自由不是出于欺骗的目的,有一点必须要跟人民群众明确的是:对公民自由的保障不是永久的妥协,不是永久的协商,当然也不仅仅是在议会上讨论的说辞而已;在现今这个世界,只存在一种自由的保障,那就是公民全体所组织形成的力量。

总结我们刚刚所说的这些,归根到底就是要赋予法国以灵魂。如果灵魂这一词能够重新找回它本身所代表的含义,那么也可能是归功于某个你们所熟识的人,是他重新赋予法国这一灵魂。而那个人,还曾经说过这样一句发人深省的话:"法国人,你们还记得法国吗?"[……]

对于法国而言,最高的荣誉是什么?从会议第一天起,联盟就已经提出的主题,又是什么?答案呼之欲出,那就是我们的国家意识与沙文主义是处在对立面上的,近几个世纪以来,国家的任务就是拒不自我封闭,绝不故步自封……对于法国人而言,最伟大的法国,可能是路易十四当政时的法国;但是,对于整个世界而言,最伟大的法国,无疑是基督教时期的法国,是法国大革命时期的法国。你们在座的各位,这么长时间以来,一直都是世界的意识,民族的希望,今天联盟就在这里向在座各位提出号召:"我们将重新担负起法国的命运,并且和从前一样,这个重任绝不仅仅局限于法国本土。"我们的任务,就是欧洲能够再一次进行自我认识,就像它从前所做的那样,即便此刻我们的双眼暂时被蒙蔽。

我们现在虽然人数众多,但是不要忘记了,世界的命运通常都是掌握在少数人的手中。

然而也不要对这句话进行错误的解读。我们只有依靠我们的意志,才能最终成为我们本身。在这过去的几个世纪当中,除了政治之外,总有一些重要的东西,使得勇气悄然发生变化。我曾经在西班牙看到第一支国际纵队(我刚刚就说过了,这是超越任何政治的行为)。这支国际纵队大部分成员都是法国人……我还听说,战败的摩尔人穿过大雾完成了第一次冲锋,这次冲锋的第一声指挥由一个波兰军官发令,用的还是法语,他喊道:"你们在这里,是为了法国共和国而战的,是为了自由而战的,冲啊!"然后弗朗哥(Franco)就被黑人追捕了。

此外,我也曾目睹,法国抵抗运动之后,也还有一些人,当然这些人你们也都认识,他们靠着自己那微博的资财,与德国军队正面对抗,而作战所使用的武器,甚至还是从德国人手里抢过来的。这当中的原因,在于我们的很多部队都没有分到武器;或者更确切地说,是因为我们当时手中根本没有武器。而现在这些战时的武器,就被陈列在像阿尔萨斯这样的小城市的博物馆里,可谓是这些阴暗的博物馆里所保留的最美好回忆之一了吧。你们有机会的话可以去博物馆里看看,现在这些从德军手里抢过来的机关枪上都贴着标签,上面写着:"阿尔萨斯-洛林纵队为和平而战时所使用的武器。"

我也见过一个秩序部门,一些可怜的傻瓜说了它不少的坏话,这个部门的将领,你们当中很多人都认识,他叫做蓬沙迪耶(Ponchardier),那些在他领导下的人民都十分爱戴他,大概是因为他们都还记得,当初蓬沙迪耶是怎样,并不怎么劳民伤财就攻占了亚眠监狱的……

另外我还想对你们在座的各位说明,这话我也曾对蓬沙迪耶的民众说过,那就是:"我们经常听说某种所谓的骑士;而所谓的骑士其实并非是指他们佩戴的头盔,也不是指他们所穿的铠甲,而是指所有那些知道自己想要的是什么,并为了他们的意志贡献出自己生命的所有人。"啊!说这话的时候,我现在眼前浮现的,都是一些法国的脸孔。在这些脸孔上,我又重新看到了,当年被囚禁时就在我身旁的,那些哥特人的脸孔;我又重新见到了,凡尔登(Verdun)猎战队那些纯真的脸孔;而这些,就是那所谓的法国的脸孔,斯大林主义的记者还曾经"打趣"道:我命你们为骑士!你们值得被授予这巨大的荣誉——法国拖着这副庞大的身躯,一直在黑暗中摸索着前进,世界看着法国摸索前进,也时常为他的这种精神所着迷。现在极有可能,你们也将通过你们的双手来重振这种精神。

然而,面对这样一场如此荒诞的战役,无论是现在还是未来,我们都没有必要感到气馁或者是自怨自艾。我们需要说的是:如果我们是其中的一代人,如果我们这拥有自由意志的一代人,能用自己双手,能亲手重建法兰西,能获此殊荣,那么就不要再唉声叹气!而应该满怀感激地道一声:谢谢!

古代的时候,战胜者在他们途径的路上,会在地底下埋藏一些铁雕像,而法兰西,就像是那些被埋藏在地底下的铁雕像,长久无人问津。然后,突然某一天,动乱发生时,一道闪电劈过,这些铁雕像得以重见天日。这也称得上是悲剧性的发现了吧。现在我们又获得这种精神,我们也知道接下来我们将会造就一个怎样的法兰西。

最后,我们也用一些具有自由意志的示例作结。雅典之所以消亡,是出于它自己想要灭亡的意愿。那些消亡的阶级终将会消失在对自我的弃逐中,那些消亡的民族首先会死于其自身的弊端。

历经这么多个世纪,比起我们为第一个被钉在十字架上的奴隶所唱的第一首颂歌,即使是罗马那庞大的斗兽场也显得无足轻重。也许有一天,会应了那句老话所说的,在这个曾经是巴黎的地方,捡起"满载历史,会说话的石头",这句话想要说明的也许就是,在这片土地上,会有那么一天,我们会和同伴一起,重铸辉煌。

法兰西是在你们手中建立起来的,法兰西无法自己成就自己。别再总是提一些没完没了的计划了！我们知道,单就补给这一环节,就足足有十七个计划方案！让我们不再只是把这一切当作是玩笑话,认真起来。更重要的一点在于,别再说那些历史理论了。每个世纪都会有那么一个历史理论学家,可我们没有时间再等上百年时间。那么我们的目标究竟是什么呢？留个悬念,待会会有一个比我更高亢激昂的声音,他会告诉你们如何确定我们的目标。

宣传团队的伙伴们,我以你们所有人的名义,在这里重申一点,即我们在这一整年里,用尽一切办法想要让法兰西方面意识到的就是,对于我们而言,在这个陷入可怕沉睡的国家里,这个即将发言的人,他坚守这样一份荣誉,仿佛坚持着自己那不屈不挠的梦想,他也是好几个世纪以来,唯一一个法国所可以津津乐道的人。当然,这并不包括我们今天在这里所听到的可悲的激情:"在法国,当一名为了付赎金而纺织的纺纱工人并没有那么的可怜。"

1948 年 6 月 26 日发表于《联盟》

1948年6月18日

在缓缓垂下的庄严肃穆的雨帘中,瓦莱里安山脚下,广阔的巴黎大地上空,缓缓飘荡着"献与阵亡者"钟声的音符,随处飘荡的钟声带着一股巨大而神秘的力量,总让我们想起某些事情的发生经过。人类昙花一现的敲打声回荡在城市上空,仿佛海浪拍打在崖壁,而那些幸存者,就是在这崖壁上,悼念着那些在海上失去生命的海员;看到这一切,我们开始思考这样一个问题:如果有一天,我们的宫殿或房屋重新被原始森林吞噬,再没有几个地方能如同这面令人心碎的峭壁那般威严,再没有什么地方值得成为人类记忆中自由意志的高地,即使到了那时候,或许这面墙还依旧挺立在这些冷漠无情的树丛中。

八年了,有这么一个听从法兰西命令的人,他与所有那些自称是事实或理智的声音对抗,勇敢地说"不",这个我们历史曾经植根于其上的"不"再一次出现了。而在四年的时间里,各种身份,各种信念,各种信仰的法国人,如今都聚集在这唯一的世界里。在这里,法国人毫不费力地就团结凝聚在一起,同生共死,用他们那默默无闻的生命,保卫着法兰西那虚弱的灵魂。而这一切,对于他们而言,只不过是意识和决心使然。

这种不屈不挠的精神一直扎根于时代!现在这个时代,自弃者那无边的窃窃私语声,似乎比凡尔登那可笑的汽笛声更好地掩盖了这种精神!然而,这种精神很少去呼吁人们,要有斯巴达、罗马和那些地下组织的那种坚决。对于一个正处于胚胎萌芽阶段的世界,它所呼吁的是这样一种精神:今天,在这一小批沾满鲜血的人民中,虽然已经忘却了他们的名字,但我们在今天重新恢复了与他们的对话,他们的名字甚至还被镌刻在弗雷纳石碑(la pierre de Fresnes)上,同样需要铭记的还有这些虽然无法赢得关注,但却与国家命运息息相关的议会演讲,这就是19世纪那段时期的对话,也是我们现如今的对话。

19世纪时期的政治,无论是民族政治,还是议会时期的政治,它所希望达成的,是在妥协中形成的最高的政治价值观。政治生活也就由此而造就;相比之下,国家生活则很少是以这样的方式造就的。我们现在知道,这样一种妥协会导致什么样的后果,不信请看这一著名的妥协案例:慕尼黑的妥协。

维希(Vichy)只不过是新近的表达方式:大家不惜一切也想妥协一致,从巴黎到维希,从维希到蒙图瓦尔(Montoire),从蒙图瓦尔到西格马林根(Sigmaringen)。而从霍亨索伦城堡(Hohenzollern)的卧室望出去,贝当元帅也可以看到这种妥协的意志在慢慢走向消亡。回顾他所经历的这个世纪,他先前曾经拒绝接受,之后却又不得不代表这一意志。除了这种妥协意志,另一个走向消亡的,就是这个世纪的又一荒谬之处:用战争来捍卫战争。

有一点十分清楚:世界的法则远比权力要复杂。通过战争建立起来的帝国也像军队扬起的尘土一样不堪一击。另外,协商有时候有其存在的必要性(但是协商并不总是妥协和解);协商存在的必要性并不是因为它是历史的灵魂核心。无论是在罗马士兵的盔甲下,还是在甘地的战袍下,历史的灵魂核心,都在于意志。

当然,法兰西需要谈判,但是谈判是在面对盟军而不是面对敌人的时候;再者,进行谈判时,法兰西首先还得知晓的是,自己想要的究竟是什么,以及为什么想要。换句话说,就是法兰西首先必须知道自己的定位。如果法兰西只会卑躬屈膝地妥协,那完蛋了!没有人会以自身的名义来为这个自弃者主持正义。很久以前,人们就曾说过:失败和奴役最为精妙的祸患之处,也许就在于,受奴役者或者失败者为了让自己找到理由来忍受这种痛苦,最终会转而爱上它。

不管我们所处的这个时代是不是一个权力型的时代,它无疑是一个需要决心的时代,一个需要坚定不移的决心的时代。反戴高乐主义中那些最具说服力的律师,并不是赖伐尔(Laval)之流,而是那些总说着"晚点再看,晚点再看……"的人。如果法兰西能重新变回原来的法兰西,那就是因为6月18日这一天,也就是在法兰西宣布自弃的同一天,六一八号召被提出,而且自此未受质疑。看看纪尧姆·奥兰治(Guillaume d'Orange)的口号:"如果不坚持就不会有成功。""但是对我而言,纪尧姆·奥兰治赢了一个漂亮仗,荷兰方面表态道:他拯救了我们。"这时又听到政治低声说道:"争取时间。"而法兰西回答道:"要付出怎样的代价?"

以上就是我认为我们应该听到的对话。在瓦莱里安山那残旧的崖谷前,就着雨幕下的小火苗,那闪烁着悲情,却难以轻易被熄灭的小火苗,这个对话就是在这样的情景当中进行的。在火苗呲呲燃烧的声音中,隐约有另一个声音:未来,沉睡的巴黎清醒之时所带来的躁动。

1948年6月26日发表于《联盟》

阿尔萨斯的夜晚

我乘坐的这趟飞机,此时正飞在阿尔特基克(Altkirch)和达讷马里之间,此程它将带我飞往米卢斯(Mulhouse)。旧地重游,让我不由得想起,当年那件事情,也是发生在这样的一个傍晚,或许笼罩着这片土地的也还是那股严寒,那阵大雾……

没多久之前,希望的再度陨落让我犹如再次坠入过去那可怕的梦魇!就是在这样一个小地方,一个从下面看几乎都看不到的小地方;那天夜里,所有人几乎都冻得直打冷颤。而就是在这样一个寒冷的冬夜里,我们呢,我们这些以前的囚犯,眼睁睁看着我们第一支德国分队入狱,沦为阶下囚。

或许,到我离开人世的那一天,我都还能想起,想起夜幕降临时,当时那条消失在左侧尽头的路……

它也只能勉强称得上是一条路:天气寒冷,整条路上都盖着一层冰花,一路延伸的冰雪,映照着点点火光,最终隐匿消失在高高的凹凸不平的耕地中间,通往已经熊熊燃烧的达讷马里。村庄和乡镇早已成为一片片翻腾的火海。而当冰冷刺骨的寒风吹开大火,扬起一片火光,从那里开来一辆早已准备就绪的坦克,碾过业已覆上一层白色霜冻的路面。

"一个和我一样都是农民身份的人,可没法眼睁睁地看着农场被烧毁,这一切肯定让他悲痛欲绝,"我身边的人[①]低声对我说道。几乎所有的农场都被烧毁。经过这次战争,或者这不仅仅只是战争,而是一场来自久远年代的熊熊火焰,是一场灾难。在这片遍布死尸的古老大地上,古老、阴沉而又忧郁的喊声又一次在黑夜中回荡。

当时,在那个地方还有一个牲口棚,我们这些伤员,就沿着牲口棚,躺在那些躁动的牲口旁边。大约一刻钟过后,在离我们不远的地方,除了我们这些伤员,即将与我们躺在一起的,趟在这片敌军土地上的,还有那天晚上发起进攻的人,那些在这里度过死亡之夜的人。虽说这样的人我当时一个都没见着,但是那个夜晚,他们确实无处不在。

这就是那些在科雷兹矮小树丛中经历过大风雪的人,科雷兹是个怎样的地方?就连盖世太保也认为那儿无法藏身,

---

① 安德烈·尚松,《联盟》注。

而他们却趴着匍匐前进。他们都是些怎样的人?那是一些能把一片片薄纱当作旗帜挥舞着的人;那是一些能阻挡帝国进攻的人;那是一些能用他们那惊人的毅力,穿过大半个法兰西的人——这其中还有中央高原(le Massif central);那是一些手中大部分的武器都被敌军缴获了的人;那是一些一直以来都能偷袭警察的人;那是一些一旦不再匍匐作战,就只是中世纪的普通农夫的人;那是一些来自中部的人,与他们一起并肩作战的,还有阿尔萨斯的同伴,他们一起为了阿尔萨斯而战。

这可一点都不是什么传奇性的故事:他们就是在等待,一起等待。而他们的这种兄弟情义也是历时已久,几乎可以追溯到孩童时期第一次见面时的微笑。他们的兄弟情义,就如同撼动整个大地的这场灾难一般,意义深远,所向无敌。这场持续了将近千年的大火,噼噼啪啪地燃烧着,却永远也掩盖不住那苦痛的沉默。

飞机飞远了,飞向另一个阿尔萨斯的黑夜……

在这片曾经沦为废墟的土地上,惟愿孩子们还能记得,记得这些自由的人们,记得一个未曾加入过战争委员会的军队;记得那些未曾忘记过领袖的士兵,也记得那些可能也同样未曾忘记过士兵的领袖……

    1949 年 1 月 15 日,发表于《联盟》

为文化自由而战

1952年5月30日发表于国会闭幕式会议上的演说词

共产主义不仅仅是一个说说而已的玩笑,而是一件十分严肃的话题,在座诸位既已决定不再听任斯大林及其继任者的安排任命,既不打算捍卫资本主义也不打算捍卫精致主义,那么诸位究竟打算采用什么样的文化价值来取而代之,甚至于诸位想要捍卫的究竟是怎样的价值观?

我很久之前就曾经说过:修养是可以通过后天培养的。虽说,19世纪的文化修养甚是苍白无力。然而其中某一种欧洲精神形态,却比以往任何时候都要更加强大。

欧洲军队当年入侵紫禁城的时候,欧洲还没有如此强大。当中国不再全盘承袭遗传下来的文化,并开始创建最严格的西方思想学派的时候,欧洲更强大了。在中国如此,在俄国亦是如此,共产民族主义带来了工业化成果,而这一点,即使是获胜的欧洲都无法做到。虽说这次欧洲针对于全世界而展开的行为,与其文化并没有什么关联,但是继任者的矛盾却就此展开。

俄国方面,由于其历史方面的缘由,成了共产主义揭开序幕的地方;需要明确的一点是:俄国只存在一种形式的文明;在那里,艺术观念如同产品,也如同行为方式。

至于另一个我们听说的地方,就是美国。

实际上并非如此。

美国只不过是西方的一个局部。从根本上说,美国人一点也不打算形成一种有别于我国的意识形态。从精神欧洲这一层面上来看,美国人仍然还是美国人,就像法国人还是法国人,英国人还是英国人,德国人也仍是德国人一样,毫无差别。然而,当人们在莫斯科谈论"腐朽的绘画"时,人们谈论的是华盛顿学派呢,还是巴黎学派?西方文化的一部分主要问题在巴黎仍然存在。

我们谈论文化,可是究竟什么才是"文化"?我已经说过,文化并非精致主义。也并非各类知识能力的总和。不过有一点确实需要我们注意:某一些知识要素确实能形成部分文化。比如,人们在历史方面所作的努力可以使得过去清晰地呈现在我们眼前。而在科学方面所做的努力,则使得世界一览无遗;在自然方面所做的努力,则使宇宙与物质更加明了。因此,从这个角度上来看,文化对于我们而言,首先就是一种知识能力,一种使得我们人类与宇宙中其他偶然相区别的知识能力。

这种功能,是通过文化与世界的进一步融合,或者是通过清晰的反抗意识来实现的。过去,各大宗教机构承担执行了人类对宇宙意识的创建或重建的这一角色。然而任何一种神圣的价值观都不再从根本上告知世人,什么才是我们的文化。自从人类成为宇宙万物中的唯一,就一直渴望文化能继承世界上最高尚的情操。

这并不是一种普鲁塔克主义,也不是一个美丽的传说,因为我们不再从过去中找寻能够作为典范的一整套行为模式;而是从中找寻人类伟大之处的这种本能,从中找到这种伟大之处的证明,以及所有已由人类获得的一切。只因我们清楚,文字世界、声音世界以及形态世界皆由人类所有。

古老象征的力量来自何处。在我们的印象中,雅典卫城女像柱一直都是希腊自由的象征,神庙的盖顶赋予了女像柱命运的重量,它温顺,却又不乏傲气。从女像柱那早已磨损褪旧的口中,我们似乎还能听到,几个世纪以前,从安提戈涅(Antigone)口中道出的那经久不衰的话语:"你理应就死,克里昂(Créon)说道,因为你触犯法律,埋葬了你的两位兄弟。因你不能使你的兄弟团结一致,你的一位兄弟保卫祖国,另一位兄弟却与之作战。——我并不是来散播仇恨,而是来与你们分享爱意的。"文化,是结合了各种形式的艺术、爱及思想的整体,在这过去的几千年间,文化使得人类少受奴役的痛苦。在我们记忆深处,在那些说不清道不明的漠不关心盛行之处,总有一些不屈不挠的提比里亚(Tibériade)渔民及阿卡迪亚州(Arcadie)牧民的身影屹立不倒。

由此看来,艺术与文化对于我们而言,就像是潜藏在我们内心最深处的一种自由的表达。这也是为什么那些集权主义者,试图为他们所倡导的意识形态加上一圈理想世界或激情世界的光环:这种宏伟气势在哥特世界中尤为明显。既然在教会时期,艺术是可以通过引导形成的,那么为什么,我们现在的艺术却无法被引导?

这种"导向性"的艺术,主要还是适用于雕塑领域。但我们需要注意的一点是,我们投射于雕塑领域的是当时19世纪的艺术经验,是当时受保护的学院派艺术与被诅咒的自由派艺术之间的斗争,前者有当时的博纳(Bonnat)、布格罗(Bourguereau)等等,后者也有塞尚、梵高等人作为代表。只不过,19世纪如此明显的对抗,却不曾存在于中世纪;既没有苏美尔时期的德太耶,也没有中世纪时期的博纳。你们每个人都很清楚,在早期的艺术领域中,这样的斗争根本就不存在。

正如黑人艺术一样,中世纪艺术也经历过一次大型的手工艺阶段;但从未经历过所谓的欺骗艺术阶段。自契马布埃(Cimabue)到拉斐尔(Raphaël),中世纪艺术一直到14世纪为止,都是依靠风格的发现创新来维持生存。我们知道佛罗伦萨就曾为了契马布埃的圣母像欢呼胜利,雀跃不已。艺术创作在当时就是宗教创作的途径。

从11世纪到14世纪,宗教雕塑的创作目的在于追寻神意。鼓膜,这一精妙的设计对于我们而言,就是人类证明宗教存在的几个最高明的证据之一。人类相继不断地汲取,然而无论其失败还是成功,都不会使宗教源泉枯竭。艺术和教会走的是殊途同归的道路。祷告者们用双手雕刻出这些画像,首先遵从的是一种难以察觉的感情,带着这种情感,祷告者们双手合十进行祷告。而当一座圣女雕塑重现神秘影像,每一个观看雕塑的人都能从这一神迹中再一次见证圣女的降临,那么这时就轮到教会低头鞠躬并进行祷告。面对每一次新的发现,艺术家、公众、教会,所有人都同意这一点。在教会时代,艺术与宗教并不存在严重的冲突矛盾。苏格(Suger)为艺术家而写作,而这些艺术家与其并非同类(当然,画集除外);圣·伯纳德(saint Bernard)为了新生的哥特式艺术与日渐没落濒临衰亡的罗马艺术做抗争。但是他也只是捍卫这种哥特风格,而非创造哥特风格。

这种情况到了17世纪的时候,就将发生改变。伟大的雕塑艺术衰亡;教会不再期盼绘画加深它的情感联结,而是期盼它主动吸引。基督教徒不再形成阵营,改革已然开始……并没有太受欢迎。并且,伴随着这一切的,是对极乐世界、教会以及圣人的宣传。虔诚派的绘画建立在艺术的合理性基础之上,正如学院派的绘画建立在其现代性之上(真实,卡拉齐[Carrache]的真实);中世纪的虔诚将取代狂热。艺术创作与宗教创作之间的关系不再如从前那样牢不可破。它们的身份变成了委托人,而不再是一种高不可攀的价值观。当最高价值观还存在的时候,最高价值观的表达途径,作为一种创作风格,已由委托人事先确定好。这是具有决定性意义的一刻。直到这时,艺术主人才真的成为一名艺术家,一名人人都会赞赏其发现能力的艺术家。

人们虽然限定了提齐安诺(Titien)创作的主题,但是却没有人敢于对他的创作风格指手画脚。这是因为,为了完成这一创作,人们需要的是一个天才的画家。在这一点上,无论是对罗曼艺术或者是哥特艺术,教会从来不曾强制规定某种特定的风格:这一点对于既不是苏格也不是圣伯纳德的沙特尔雕刻师而言,也是公平一致的。

随着委托人的出现,我们可以看到一些新的红衣主教的画像诞生了。以前,这些红衣主教的画像都是一些宗教画像;放到现在来看,这些画像更像是作者的自画像;而这之后元帅首领们的画像也即将诞生。

当时的情况下,怎么会看不到社会现实主义的问题已经趋于明朗呢? 不管是什么样的形式,社会现实主义绘画,印象派绘画,分裂主义绘画,立体主义绘画,或者其他形式的绘画,这些所谓的形式其实都不是最重要的。最重要的,是绘画本身。你们最终看到的是绘画的光影……至少看到的都是比如杜德尼克(Doudnik)的《复审委员会》(le Conseil de révision),以及格拉西莫夫(Guérassimov)的《伏罗希洛夫》(le Vorochilov)这样的作品。然而,艺术批评却还是千篇一律,好像这些批评家除了说一句,我们绝无法相信自己眼前所看到的这一切,似乎就找不到其他更好的表达了,实际上到底是谁没有看到中世纪的这些天才画作,难道我们所看到的复兴时期的画作都是被驯化过的?

塞尚仍然坚持他的哥特式雕塑创作、继续创造、追寻一个未知的世界;他的最高艺术价值已然成为绘画本身。而俄国画家则继续他们虔诚派绘画的艺术创作。合理性绘画。我还记得爱森斯坦曾经说过这样的一段话:"如果有一天我无法再拍电影,那是因为我必须呈交电影脚本。当初我拍《战舰波将金号》(le Cuirassé Potemkine)的时候,留给我们的就只有七周的时间:没有人来烦我,我能够安静地进行创作,后来他们校验了这部影片,都认为这是一部好电影,俄国民众也众口一词地表示同意。如果放到今天,大家再让我拍电影,如果再校验影片,那么他们还是得让我得到清净,别总是来烦我:坦率地说,我就是一个革命家。只不过,他们并不信任我,害怕我拍出来一些不知所谓的东西——而他们自己又没法拍出他们想要的那些画面,否则他们就不会找我,而是会直接取代我去拍那电影了;然而这种不信任的后果,导致我啥也拍不出来。"正因为如此,这个苏联历史上最伟大的导演自此之后就只拍一些历史剧。

这种合理化改革,其实也是为委托人服务的。当一个委托人恰好是一名辩证学家的时候,他总能提出自己的见解来与你争辩。只不过与此同时,他也有自己的偏好。

……

有人跟我们说,之后将会出现一个伟大的绘画。就算这种情况真的会出现,但他们没有告诉我们的是,这部伟大的作品并不是一部绘画作品,因为它不属于绘画范畴。而我们对美学早就有所听闻,美学倚仗着教会的力量长盛不衰,美学范畴内的作品可谓囊括了从耶稣雕塑到资产阶级绘画等作品,不一而足!

这是对于天才本身天性的一个基础性错误,这个错误混淆了"生产"和"创作"这两个概念,也混淆了受控作品与原创作品的界限。这种混淆视听,即使在任何一个中世纪雕塑上发生,在兰斯的《微笑》(Sourire)、沙特尔的《大卫》(David)或者是维耶纳夫(Villeneuve)的《圣母怜子图》(Pieta)等原创作品上发生,也是令人难以接受的。一部相对而言不那么蹩脚拙劣的艺术作品,当然无法称其为代表作;就像维克多·雨果也不等同于就是一个更好的里什潘(Richepin)。生产对于创作而言,是不可缩减的过程;生产可以是创作的复制品;却永远达不到创作的级别或者状态。正是基于这样的一种尴尬混乱,才会产生这样一种想法,即认为艺术只不过是社会的一种表达形式。这一想法在13世纪无关紧要,因为当时的艺术家与艺术家所服务的最高价值观是协调一致的;然而当创作与生产已然形成一种竞争关系,当艺术想要表达的最深层含义与艺术催生的社会处于对立面的情况下,这一想法就变得十分荒诞!我们可以到莫斯科的西方艺术博物馆里,到塞尚画作的展厅前面,去看看塞尚的构图,它其实就是对资产阶级解体的一种表现。由此看来,艺术所表达的,是它一贯藐视或憎恨的东西。老年时期的伦勃朗,这位喜欢上了女仆们的画家,正在孤独与自弃中完成《三个十字架》(Trois Croix)中那黑沉沉的天空;可怜的梵高,正就着帽子上的蜡烛进行《阿尔勒咖啡馆》(le Café d'Arles)的创作。他们的经历,他们的天才之作,所表达的就是,不管当时正在促使他们死亡的是什么,在当时那个年代,与天才如影随形的,是一种巨大的不幸。你们也曾经见过那些"20世纪作品"所呈现的绘画。画出这类作品的画家当中,除了他们的这种天才之外,可还曾拥有一些别的什么东西?他们中又有多少人是生活富足或者说是幸福的?自始至终,他们的画作所绘制的就是绝望的路线图。不久之前,在流浪汉高尔基的葬礼上,他的葬礼场面可谓是蔚为壮观,我就亲眼见证过没落艺术的可笑的报复,这或许也是流浪汉维庸(Villon)的残暴之处。这也是这些人的另一种报复,这些人,仍然贫穷,仍然孤独,今天靠着强大的美国又聚在一起,一方面,这也显示了美国那令人不安的强大权力。向创作的孤独致敬,在你也为赎回帝国贡献自己一份力的此刻!为从人类温柔乡中挣脱出来的新生致敬,这样的柔情终将在地底下腐烂!为第一个冰冷夜晚的同伴致敬,在这夜晚,人类第一次感受到了神秘星空中的同伴!有一些东西,是比历史更加重要的,那就是天才的坚贞。一提到塞尚,我们就立刻想到其所代表的资本主义以及资产阶级,正如一说到普罗米修斯,就想起秃鹫这一形象。

用马克思主义的语言来说,我们应该说塞尚和列宁一样,都是资本主义的代表。就好像列宁仰仗俄国无产阶级,从业已粉碎的资本主义中勾画构建出一个新世界的形象,塞尚也从倾颓的学院派主义中构建出一个新世界,不仅仅是构建了一个现代化的艺术世界,而且还恢复了五千年来的艺术形式。

这种艺术的复兴是由艺术家实现的,艺术家把一切都献给了他要与艺术融为一体这一意志。还从来没有发生过世界上所有的艺术一起复兴的情况。我曾经写过:"很显然巴洛克并不表现苏美尔雕塑,但是如果它能够让人们意识到艺术的特征,那么他就可以重现我们早已看不到的雕塑;正如外科医生给白内障病人做手术也不会向他解释何为光线,而是直接让他去亲眼看到或者感受到光。"正是现代艺术才让我们得以看到世界上各种形式的艺术;也是现代艺术,通过艺术形式的传承,给我们带来了已经完全改变的价值观的巨大遗产。而这次复兴,颂扬的是历史,而非历史的产物。随着艺术复兴,有一基本的难解之谜也豁然开朗,答案就是:人类。

任何一种深层的文化,在成为世界性的文化之时,都是一次冒险,从这种意义上来看,现代物理学也是一次冒险。而且这种冒险可能是长期的。我们还需要更长的时间来研究天文学,才能得出结论说地球不再转动。我们的文化,其实就是一次发问,以加强人类觉醒意识这一意志为导向的一次发问。

每个人都需要在他认为公平的环境里抗争。但我们不应以斯巴达克斯(Spartacus)的名义说,"普罗米修斯是上层结构的表达"。凯撒不会操心罗马的无产阶级,而普罗米修斯只是出现在文学作品中的人物,斯巴达克斯事先也早已被打败。在这个已有四分之三被摧毁,仅存四分之一的世界,我们可能想起安提戈涅的呼声,当第一个艺术家重新出现在最后一座幽灵城市的废墟中时,在西方或者在俄国,他重新拾起发现火种,发现马格德林野牛时期的古老语言。再一次,在这片承载着奥瑞纳时期半兽痕迹,还残存着帝国消亡痕迹的土地上,千年的回响,夹杂着呼啸的风声,在废墟上回荡:"我不是为屈从于我的命运而来,而是为重建人类而来,我悄声提醒,愿人类能重铸辉煌。"

1952年6月4日发表于《十字路口》

IV

文化部长安德烈·马尔罗：1958—1969年

阿尔及利亚事件让戴高乐将军重新执政。1958年6月1日,他被当时的共和国总统勒内·科蒂(René Coty)任命为部长会议主席(即总理)。戴高乐组建了一个左、中、右三党派联席政府,其中就有安德烈·马尔罗,他在6月9日成为部长级代表,负责信息部。7月8日,作家马尔罗被委以重任,负责"各种计划的实施,重点是制定弘扬法国文化方面的方针策略"。(1958年7月26日,《官方日报》[*Journal officiel*])

12月,戴高乐将军被选举为共和国总统。1959年1月9日,在米歇尔·德勃雷(Michel Debré)组建的内阁中,安德烈·马尔罗成为国家内阁部长,负责文化事务。从那时起他就开始大显身手,文化部的建立需要他乘风破浪,施展抱负,实施文化策略,实现他的雄心壮志,而首先便是大力发展地方文化部门,这个想法,他从1945至1946年寒冬以来就一直跃跃欲试;为了让更多的人能得到文化艺术的熏陶,形势刻不容缓,要在杜伊勒里公园摆放马约尔(Aristide Maillol,1861—1944年,法国雕塑家、画家——译者注)的雕像作品,要让巴黎的历史建筑容光焕发,组织大型博览会(毕加索、勒吉[Léger]和马蒂斯[Matisse]等画展回顾活动)。需要通过法律条文的推动,在博物馆和大教堂里启动一系列修复工程。他亲力亲为,每一项文化活动,不论是欢庆的揭幕仪式(雅典卫城的第一次灯光秀),还是拯救式的文化保护呼吁(埃及阿斯旺大坝的修建,让努比亚文物古迹面临被淹没的危险),抑或文化界精英的陨落(勃拉克和勒·柯布西耶[Le Corbusier]的离世),他都会饱含深情地来上一段鼓动人心的魅力演说。

这个尽职尽责的文化部长,早已超越其在职位上的影响。他的声望已经使他在很多场合成为他自己国家文化的国外传教士。法国因为阿尔及利亚战争饱受争议,他要重建世界对法国的信心。在很多重大的节庆和缅怀场合中,他都是戴高乐将军的代言人。他就是这样踏上征程,重新和以下国家(按照时间先后顺序)建立了文化上的联系:安地列斯群岛、印度、日本、撒哈拉、智利、秘鲁、阿根廷、墨西哥、乍得、刚果、美国、芬兰、加拿大、中国、塞内加尔和尼日利亚。

但他的脚步没有只驻留在巴黎王宫(Palais Royal)、他的办公室和这些遥远的异国土地上。他在法国大选前夕登上论坛,捍卫戴高乐主义。他的演讲让我们看到法国终于像以前一样开始复活了,演讲的主旨是呼吁法国继续在世界上扮演重要的角色,但在他看来,法国正面临双重挑战:1962年以前,这个挑战是与阿尔及利亚之间的矛盾(就这一点来说,虽然这个矛盾受到左翼知识分子的批判,但马尔罗仍然坚定不移地追随戴高乐将军的路线);1962年之后,这个挑战是,因为左翼政党的阻挠和反对,在1965年第一轮总统普选中,戴高乐的政权受到摇撼。

但是文艺创新并没有被马尔罗抛在脑后。1965年,在因病疗养期间,马尔罗前往亚洲巡游,在船上开始撰写他的《反回忆录》。此书于1967年出版,开创了一种别出心裁、焕然一新的回忆录体裁。

在1969年的全民公决中,他在巴黎体育宫(Palais des sports de Paris)宣布,"他不尊崇反对戴高乐将军的后戴高乐主义",在戴高乐退出政坛后,他不再追随他的脚步。

向希腊致敬

1959年5月28日在雅典的讲话

希腊的夜晚再一次在我们的头顶展现她的灯火通明。阿尔戈斯(Argos)的守护神在注视着我们,他在等待特洛伊陷落的信号;索福克勒斯在注视着我们,他正要提笔书写《安提戈涅》;伯里克利在注视着我们,雅典帕特农神庙的工地恢复了平静……但这却是第一次在这里,从这个千年之夜中亮起西方的象征。很快,这里将成为一个每夜灯光璀璨的舞台,今晚将会是史无前例、永载史册的。正是有了这个天才的灯光秀,人间的夜晚才不再黑暗,雅典的人民向您致敬。过去有个声音曾在这里响起:"即使这里的一切将来化成尘土,未来的世纪仍会歌颂我们,我们曾经修建过世界闻名、享誉全人类的卫城……"欢呼之声从这里响起以来,就一直萦绕在人们的记忆之中,世代难忘。

伯里克利的这个告白曾经让醉心于永生的东方难以理解,他们曾对卫城造成过威胁。那时即使在斯巴达,人们也从未向未来发过话,从未如此高瞻远瞩。无数个世纪曾经聆听过这震撼人心的对未来的告白,而今夜,他的话将会响彻世界,从美国到日本。第一个世界文明已经开始了。

雅典卫城因为世界文明而亮起;而正是为了这个世界文明,雅典卫城才首开先河与世界文明进行对话。希腊的聪明才智曾在人类的文明发展史上展现过好多次,但境遇和面貌大不相同。文艺复兴时她曾璀璨耀眼,而亚洲却没有经历过;今天,我们都知道,它更耀眼,更动情。很快,这样的灯光秀将会在埃及和印度的文物古迹上闪亮登场,让所有的古迹都熠熠生辉。而雅典卫城是唯一被精神和勇气双重眷顾的圣地。

面对古老的东方,我们今天知道,希腊孕育出独树一帜的一类人。是伯里克利的荣耀——不论是作为人,还是关于他的传说——造就了雅典卫城,他是卫城最虔诚的臣民,是一个哲学家,一个艺术家;埃斯库罗斯和索福克勒斯,他们也是战士,以不同的方式走向我们。对于世人来说,希腊还是那个倚在长矛上,正在沉思的雅典娜。在她之前,没有任何艺术把长矛和思想结合在一起。

我们不会大事声张:文化一词对于我们来说包含一切有关艺术和精神的创造,而正是希腊智慧使得这种创造成为一种育人的主要途径。正是有了这没有被人类记载的最初的文明,智力一词才具有思考和质疑的内涵。质疑会让人类用思想征服宇宙,用悲剧征服命运,用艺术和人性征服神性。古希腊很快会对我们说:

"我寻找真理,但我找到了公正和自由。我创造了艺术和思想的独立。我第一次让卑躬屈膝达四千年之久的芸芸众生,在他们的上帝面前站了起来。同时也让他们在专制独裁面前站了起来。"

这是一种平实的语言,经久不息,我们今天还能听到。

这种语言已被遗忘了若干个世纪,每次濒临危机的时候我们都会重拾。大概没有什么比这更必要的了。我们这个时代最重大的政治问题,就是要协调社会公平和自由;最重大的文化问题,就是让更多的人去接触我们最伟大的艺术作品。现代文明,就像古希腊文明一样,是一个质疑的文明;但现代文明还没有找到样板模式,不论是转瞬即逝的模式抑或理想恒久的模式,都没找到,没有这个模式,任何文明都难以成形。

前进摸索中的巨人,高高在上,好像他们才明白一个文明最主要的东西不只是力量的强大,更是一种清醒的意识,清楚人类的期待是什么,更是一颗不可战胜的灵魂,纵使被占领,雅典的灵魂仍是不屈的,所以她一直是在亚洲沙漠征战的亚历山大的一块心病,让他心神不宁:"雅典人啊,得经历多少苦难才能配得上你们的荣耀!"现代人属于那些想要一起创造现代人类的所有的人;这种精神不是少数民族所独有,它是所有团结友爱的民族的精神。希腊如同法国一样,只有当她们安身立命于普罗众生,她们才显得如此伟大,希腊深藏在西方所有人的心里。古老文明的民族精神,并不是让我们躺在过去的历史中,而是让我们创造未来、展望未来。原子时代即将到来,人类更需要这种精神的历练。所有的西方年轻人都应该记住,当人类第一次需要铸就这种精神时,希腊人使用长矛还击,所向披靡,阻止了薛西斯(Xerxès)的进攻。有些代表问我法国年轻人的座右铭应该是什么,我回答,是"文化和勇气"。这个会成为我们共同谨记的座右铭,因为我从你们身上看到了这一点。

此时此刻,希腊精神抖擞,叩问命运,寻求真理。她向我,更是向你们传达了这个面向世界的文化使命。

因为文化并不是传承下来的,它更是征服的结果。文化通过多种方式来获取,每种文化都和主导这种文化的人心心相印。希腊语言从今而后面向的是普罗众生;这一周,希腊的形象将会以更多的文化节目让世界拭目以待,而这之前的两千年中她从来没有这样活力四射过。这几百万人再也听不到这一语言,罗马的主教或凡尔赛的领主曾经听到过这一语言;

也许他们会再次聆听到它,但这只有在希腊人民承认它的长久性的情况下,也就是说,当某一天,这些灭亡的城邦能仍旧回响在鲜活的民族之声中的时候。

我在讲生机勃勃的希腊民族,希腊民族的雅典卫城,全世界人民的雅典卫城。希腊民族那熠熠生辉的聪明才智是西方文明的智慧与结晶:有德尔菲的普罗米修斯,有雅典的奥林匹亚,有拜占庭的基督,时代变迁,狂热不减,依然执着于自由。

但这个民族"如此热爱生活,即使备受煎熬",这是个歌颂圣索菲亚的民族,是在圣索菲亚山脚下载歌载舞,聆听俄狄浦斯叫喊声的民族,她是一个历经世纪沧桑,崇尚自由的民族,是一个世世代代顽强抵抗、不屈不挠的传统民族,是一个拥有由数不胜数的独立战争谱写的现代历史的民族,是唯一一个以"不屈服"为荣耀的民族。这个"不屈服"是昨日的迈索隆吉①,是昨日的索洛莫斯②。在我们国家,不屈不挠的化身就是戴高乐将军,是我们法国"不屈服"的精神体现。世界没有忘记希腊最早的"不屈服"的化身是安提戈涅和普罗米修斯。后者在希腊的顽强抵抗中殒命,他日夜守护萨拉米斯岛

---

① Missolonghi,在此地发生的"迈索隆吉之围"是1820年希腊独立战争中重要的战役。——译注
② Solomos,希腊现代诗歌之父,希腊国歌《自由颂》的词作者。——译注

(Salamine)的英魂,最终倒在了这块最古老、最高尚的人类生死角逐的土地上,他长眠在这块热土上,死后的第一个夜晚,星月守望,直至今夜,一如既往。

我们都是为了同样的真理和事业而抛头颅洒热血:在埃及战争中,希腊人和法国人并肩战斗;我们的二战游击队用手帕做成希腊小国旗庆祝你们的胜利,而你们山里的村庄敲响教堂的钟声来欢庆巴黎的解放。在所有的价值观念中,最生生不息的观念诞生于思想和勇气上的相通与一致。

而这都书写在雅典卫城的一砖一瓦上。"异乡人啊,去告诉拉塞达埃蒙①,在这里倒下的人为追寻他的信仰而至死恪守诺言……"今夜的灯光啊,去告诉人们,温泉关战役的战士齐心协力要在萨拉米斯生死一搏,最终坚守卫城,大功告捷。我们不会忘记英勇顽强的他们,而世界也不会忘记,在泛雅典娜女神节(Panathénées)的笼罩下,过去和昨日的英魂在夜色中庄严地守卫,他们第一次异口同声地向我们轻声传达东方最古老的灵咒:"如果这个夜晚注定是不平凡的夜晚,那就让我们为这个夜晚祈福,直到曙光照亮清晨!"

---

① Lacédémone,古代斯巴达的别称。——译注

为了拯救上埃及的古迹

1960年3月8日在巴黎的发言，响应联合国教科文组织的号召

今天，第一次，所有的国家，包括内战或战乱的国家，都号召大家一致行动起来去拯救一个不属于他们的文明的艺术杰作。

上个世纪，这样的号召只能是空想。这并不是因为当时人们不知道埃及：人们能感受到埃及在思想上的伟大，人们羡慕埃及所拥有的文物古迹。但如果说西方对埃及的了解，远远胜过对印度和中国的了解，那首先是因为西方在埃及找到了圣经的源头。它如同迦勒底（La Chaldé）一样，都属于我们西方历史中的东方。在拿破仑被选定之际，在他于金字塔前讲到的40多个世纪的悠久历史中，摩西一直注视着金字塔的前生后世。

后来，埃及好像在很短的期限内就逐渐开始走向独立自

主。古希腊罗马的建筑和雕塑依然受到优先保护,这就是波德莱尔所说的埃及的淳朴。这些宏伟的庙宇对于我们来说是古代东方的见证,是三千年间一直在沉睡的杰作。这一切都和历史息息相关,而艺术本身却超然物外。1890年,西方像1820年的时候那样关注对希腊的研究,还没有醉心于拯救文物。

在我们生活的这个世纪中,一个人类精神上的历史大事正在上演。这些以前只能看到残垣断壁的殿堂又重新成了古迹,这些雕塑又被赋予了灵魂。属于这些雕塑的灵魂,我们只能在这些雕塑上看到,而这却是亘古未有、史无前例的。

我们说这种艺术是一个文明的见证者,罗曼艺术是罗马基督教文化的体现。但我们实际上只了解幸存下来的文明。那些考究古埃及的考古学家的研究成果、阿蒙牧师的信仰、埃及人对世界的态度等等对我们来说都是扑朔迷离、难以捕捉的。古希腊公民使用陶片投票的诙谐、宗教节日里的小人雕像、描写一个直呼拉美西斯二世绰号"拉拉"的士兵的段落——就像拿破仑的近卫队老兵直呼拿破仑的绰号一样——以及司法文本中巧妙的讽刺,这一切怎样和《丧葬志》(*Livre des Morts*)联系起来,怎样和巨大的人头像在葬礼上的庄严肃穆联系起来,和一个在三千年间借助另一个世界继续存在的文明相联系起来?对于我们来说,唯一一个鲜活的古埃及就是罗曼艺术仍在发扬光大的埃及,她见证了罗曼艺术的蔓延和传播。埃及永远存在于她的艺术中,而不是存在于她的历史名人榜上,也不是存在于一系列告捷的战役中……虽然赛索斯特里(Sésostris)在卡迭石战役(Kadesh)——这场战役也许是历史上关键性的战役之一——中打了胜仗,虽然他被镌刻在法老的碑文中,向神明昭示他的永垂不朽,但对我们来说,他比可怜的阿肯那吞①更鲜为人知。王后纳芙蒂蒂②的面容常常出现在我们的艺术作品中,就像埃及艳后常常是我们的诗人创作的主题。但埃及艳后曾是一个我们不知道她真实相貌的王后,而纳芙蒂蒂却一直是有目共睹的绝世美女。

因此,古埃及以各种雕像的形式保留了下来。今天我们知道这些雕像,和其他所有的神圣文明一样,它们只是对帝王将相的临摹,而不能通过这种临摹来定义,它们借由不同的艺术风格再现一个不同于人世的世界。埃及的艺术风格就是通过这些崇高的雕像来表现昙花一现的人类和指引人类的夜晚的星空之间的那条临界垂直平分线。这种艺术风格把夜晚奉

---

① Akhenaton,公元前14世纪的一位埃及国王,他摈弃了旧神,倡导一种敬拜太阳的新形式。——译注

② Néfertiti,公元前1370年—1330年,埃及法老阿肯纳顿的王后。纳芙蒂蒂是埃及史上最重要的王后之一,传说她不但拥有令人惊艳的绝世美貌,也是古埃及历史中最有权力与地位的女性。——译注

做神明。而这正是我们面对吉萨省(Gizeh)斯芬克斯雕像时的所思所感,我上一次的感受是在华灯初上的傍晚:"远处的第二个金字塔挡住了景深,把殡葬面具变成了守护着与黑暗和沙漠相对峙的人身像的守护神。这些最古老的人身像又能听到丝绸窸窣的时刻来到了,沙漠通过窸窣之声来回应对远古东方的膜拜;这些人身像让当年诸神高谈阔论的地方热闹起来的时刻降临了,它们驱除无形的混沌,让夜空的璀璨因为它们而熠熠生辉。"

就是这样,在三千年间,埃及的艺术风格把活生生的场景定格在塑形的永恒之中。

我们要明白这种风格带给我们的不仅是历史的见证,也不仅是我们曾经所指称的气势恢宏。它过去的恢宏是我们这个时代最大的谜团之一,在我们大教堂或阿兹台克神庙里的雕像上,在印度和中国的岩洞里,在塞尚和梵高那些已作古或仍健在的人物画作中,在世界原始文明的宝藏里,我们都可以看到埃及艺术的瑰丽。

这是一种庞大的复活,后来的文艺复兴也只是这种复活初露端倪而已。第一次,人类找到一种普世的艺术。虽然我们对它的特性还不是完全了解,但我们能清楚地感受到这种力量。这种力量大概就是艺术的瑰宝,人类第一次意识到这个艺术瑰宝是一种胜利,作品战胜了死亡。在人类文明史上,这个幸存的艺术瑰宝和它那让人肃然起敬的谜团是"空前绝后"的。冲破史前的黑夜而催生出埃及的那股力量所剩无几,但这些巨像,开罗博物馆里的杰作,现在则受到了威胁,曾孕育出这些巨像的力量在向我们诉说,声调如沙特尔艺术大师们的声音、如伦勃朗的声音般铿锵有力。我们没有和这些花岗岩雕像的作者同样的对艺术的挚爱,没有同样的死亡感受,甚至没有同一种审视这些作品的方式,但是在这些大作面前,这些默默无闻、曾经在两千多年间被遗忘的雕塑家们,他们面对朝代更迭和芸芸众生,仍对他们的祖国满腔热血,矢志不渝。这就是熙熙攘攘的欧洲人挤在墨西哥的展览前,形色各异的日本人挤在法国的展览前,上百万美国人挤在梵高的展览前的原因;这就是欧洲最后的君主们大搞庆祝伦勃朗的纪念活动的原因;这就是亚洲末代皇帝的王爷举办有关我们的彩绘玻璃展览的原因。这也是这么多的国家加入到我们号召的拯救文物的行动之中的原因。

联合国教科文组织千方百计地想要拯救出努比亚的古迹,那是因为这些古迹受到了威胁,情况危急;如果其他的名胜古迹受到威胁,他们也同样会去拯救,比如吴哥窟或奈良。这周,我们像其他国家一样,为了人类的艺术遗产,向世界发起号召,采取行动拯救震后的阿加迪尔(Agadir)旧城。"就像你们刚才所说,我们在人身像和活着的人之间没有选择",第一次,我们通过拯救人身像来拯救他们,以前都是想方设法来拯救活着的人。对于我们来说,这些幸存下来的人身像也许已经成为一种生命形态。当我们的文明在这个艺术里揣测着一种神秘的超越感,采取一种一脉相承的途径的时候,当我们的文明把这些曾经反目成仇的各种文明的艺术品聚集一起,发扬博爱的时候,你们号召所有的人行动起来共同面对灾难。你们的号召不属于人文精神的历史,因为它要拯救的是努比亚(Nubie)的神庙,但在这个号召之下,世界第一文明公开向世人发出请愿,世界艺术是世界文明不可分割的遗产。西方,在它认为它的文明的源头在雅典的时候,曾经心不在焉地坐看卫城的沦陷……

尼罗河缓慢的水流映照着圣经源头的悲愁,映照着康比兹(Cambyse)和亚历山大的部队,映照着拜占庭和安拉的骑兵,映照着拿破仑的士兵。当风沙吹过尼罗河的上空,它那古老的记忆不经意间纠缠着拉美西斯大张旗鼓凯旋时的尘土飞扬,还有被击溃的军队身后的灰飞烟灭。风沙消弭,尼罗河又重见雕琢的群山,岿然不动的人身像仍在伴随着滔滔不绝的流水声。你看,古老的河流,它的潮起潮落曾让星象学家占卜出历史上最古老的日历,你的水流既丰富又具破坏性,洪水会把这些人身像冲向远方。夜晚降临吧,你会再一次映照着星空,在星空下伊西斯(Isis)曾圆满地完成葬礼仪式,你会再一次映照着那颗明星,那颗拉美西斯曾注目的明星。但是那些最无怨无悔的工人们,将会去拯救伊西斯和拉美西斯的人身像,你将第一次听到他们对你说,"这只是一种举动,它不是星空的心不在焉,也不是河流的兀自流淌:人类通过这个举动来向死亡攫取点什么"。

《悼词》,伽利玛出版社,1971年

1960年6月23日何塞·德·圣马丁将军的雕像在巴黎落成时的发言

阿根廷总统先生、大使、女士们、先生们:

刚才在我之前的演说者说圣马丁在爱比克泰德①身上发现没有什么比死亡更让人恐惧。我们都知道在他弥留之际,有人问他是否害怕死亡,他回答道:"这没什么,这并不重要,我只是疲惫于死亡。"在这一点上,他比他的导师更伟大,在我们的记忆中,他的名字总是与神秘的荣耀和传奇的人生联系起来。

唱完《马赛曲》,温热中的树木以及灰蒙蒙的天空让我们感觉仿佛置身于利马的天空下。我想把我们和利马关联起来的就是这首《马赛曲》,在利马这座城市时常会听到播放这首

---

① Epictète,古罗马最著名的斯多葛学派哲学家之一。——译注

歌,很有可能这首歌也曾在利马被吟唱过几次。那时候这首歌几乎是全世界的自由之歌。

他的一生,你们都听说过,我就不在这里再赘述一番。但我要用几个词来强调一下:没有什么组织,但是他组织了力量;有零散的战士,但是没有军队;他建立了军队;有解放运动,但没有解放的明确目标;他构思了解放计划。看似没什么,可他都做了。他令人钦佩,穿越了安第斯山;尤其是他得有足够的军队从另一侧翼翻山越岭去实施攻破计划。他穿越安第斯山脉进行征服,以一种你们都知晓的战术勇往直前,我们在这里铭记那句著名的话:"人们至少会说我们用了二十四天穿越了最高的科迪勒拉山系(Cordillère),赶走了暴君,回到了家园。"他没有回到家园,因为他要解放一半的拉丁美洲。

一切都做好了,他却隐退了,也就是说他构思并解放了智利,他很清楚西班牙的势力在秘鲁,解放秘鲁只能通过海路,在他得知要和英国进行一场海战的时候,他组建了海军,用自己组建的队伍,夺取了利马,因为他让人们明白什么是自由。刚才有人说过,他身扛自由这面旗帜隐退了。

这是历史长诗中特别的时刻,我们想象一下,在他隐退二十多年之后,这个被半个拉丁世界铭记的名字,在布罗涅(他隐退到法国的布罗涅——译者注)却无人知晓,他的余生完全投入到女儿的教育上,而要出嫁的女儿却连婚纱都买不起,后来是在敬仰他的人士资助下才买下来。婚礼的那天上午,他手里又举起利马的旗帜,实际上曾经是皮萨罗(Pizzaro)的旗帜,我们忘了这面旗帜曾经是查理五世的母亲——疯女胡安娜女王绣制的。这个惊世骇俗的人为西班牙殖民统治而绣制的这面旗帜,如今却树立在世界上最坚强的征服者的墓前,放在了最纯粹的解放者的手里。他的一生都在解放殖民国家的改旗易帜中度过,这让我们思绪万千。在这面旗帜之前,你们知道,门多萨①的妇女们曾经绣制过一面旗帜,后来成了阿根廷的国旗。

我刚才提到他关于死亡的阐述。我们之所以和他紧密相连,那完全是因为他伟岸的人格魅力,因为他曾屡屡赐予我们的宝贵的东西。人的伟大有一种深刻的形式,那就是放弃权力,仅仅因为一个缄默其口,不愿公之于众的原因而放弃权力,因为有种比权力更伟大的东西,它的名字叫天地正气,它属于所有的人。

未发表过的文稿。由安德烈·马尔罗在外交部的合作者马塞尔·布朗丹提供。

---

① Mendoza,阿根廷历史名城,圣马丁解放阿根廷之前的练兵基地。——译注

1961年5月8日在奥尔良 庆祝圣女贞德节日上的发言

法国政府希望政府各界代表今天只为我们历史上都一直推崇的一个光辉人物而发表讲话,以表达我们对她的敬意。

奥尔良千百年来的守望已经让我们忘记了圣女贞德的事迹是前所未有的,人们后来才发现她的丰功伟绩,而这没削弱她的传奇影响,反而让她的形象更加光辉灿烂。对于法国,对于世界来说,圣·乔治的妹妹在审判文书下达之后,在被昭雪之后,成了永垂不朽的贞德,她在鲁昂的慷慨陈词和在火刑架上的血光印证了她的不朽。

今天我们知道在希农①,在这里,在兰斯,在战场上,甚至在鲁昂,除了那残酷的唯一一天,她的灵魂是坚不可摧的。这

---

① Chinon,当时王储所在地。——译注

首先是她执着于她代言的话语:"没有上帝的恩惠,我将束手无策。"我们都知道她在鲁昂的所见所闻:"第一次时我很害怕。那个呼唤在一个中午响起;那是在夏天,在我父亲的花园的尽头……后来又三次听到这个呼唤,我明白了那是天使的声音……她漂亮、温柔又谦卑;她向我述说法国正国忧民患……我说我是个可怜的女孩子,既不会骑马也不会打仗……但是那个声音说,'去吧,上帝的女儿'。"

诚然,贞德是芸芸众生之一,但是在关键时刻,她表现出无与伦比的威望。那些军官们很恼火这个"小丫头竟然要来教他们如何打仗"。战争?他们战败了而她却打胜了……不管他们是喜欢她还是憎恨她,他们在她的话语中听到的是"上帝要这么做",派她来征战。这个十七岁的女孩子,如果我们没有听到那圣洁的呼唤,怎么能理解她呢?这个圣洁的呼声让先知们向东方诸王咄咄逼人地伸出他们可怕的双手,而向以色列王国却伸出他们的慈悲安抚之手。

在投入战斗之前有人问她:"如果上帝让英国人离开,那他为什么还需要你的士兵呢?"她回答说:"士兵打仗,上帝会让他们胜利。"无论是圣贝尔纳还是圣路易都不能给出比她更好的回答。

但是这些士兵怀揣的是基督教世界,而不是法国。

在鲁昂受审,她独自一人挑战那两个能惹上杀身之祸的问题。"贞德,你是否觉得自己受到了上帝的恩典?"她回答:"如果没有得到,希望上帝能赐予我。"面对另一个问题:"贞德,当圣米歇尔向你显现的时候,他是光着身子吗?"她的回应更是掷地有声:"你们认为上帝有这么贫穷,以至于让天使衣不遮体?"

当人们质问她竟服从于戎马征战的教廷,她愤慨决绝地回应道:"是的,首先要听从于上帝!"再没有其他的回答能更好地展现她的卓越才智。面对王储、主教或者军人,她把握轻重缓急一语中的。一直以来,她运筹帷幄,用兵如神,因为她在沙场上所向披靡,百战不殆。迪努瓦(Dunois,迪努瓦公爵,法军指挥官——译者注)说她用兵如神,尤擅炮兵队的运用,指挥有道,应付自如,出人意料。因为英国人取得的胜利不在于他们智力上的卓越超群,而在于法国这边缺乏战术,力量悬殊,恰好,贞德扭转了战局。这段时间的拼杀让战败方损失惨重;我们过早地忘记了这场帕提战役(Patay),英军曾在此战中一败涂地,这可以看作法军在阿金库尔战役(Azincourt)中的逆转。

阿朗松公爵的证词无法让人们否定圣女贞德在帕提战役中的汗马功劳,因为要是没有她,法国军队在战役开始之前就会分崩离析,是她独自力挽狂澜,聚拢各方力量……

那时是1429年——6月18日。

"不管怎样，"戴高乐将军说，"是她重建了法军的信心。"当时的情形是巴伐利亚的伊萨贝拉王后（Isabeau de Bavière）在特鲁瓦签署了法国的弃绝书，那天她在日记上只记下新买了一个大鸟笼；当时的王储还不确定是王储，法国还不是法国，军队也不是军队，她重组了军队，助国王一臂之力，重振法国。法国几乎是败局已定：突然间看到了逆转希望——就是在这里，她重建法国军队，取得了最初的几场胜利。后来通过她，教会的加冕礼顶着几乎所有军官的反对，授任了法国国王。因为对她来说，圣职授任礼意味着法国的重生，她身上负载的法国如同她怀抱的信仰。

加冕礼之后，她被疏远，开始了一系列的败仗，最后无缘无故被击退到贡比涅（Compiègne），只为了成全她成为法国的第一个殉道者。我们都知道她承受的煎熬和酷刑。但是那些前后一致的文本资料让我们从百合花闪耀的星空中离析出她真正的形象、她的梦想、她的哭泣、她卓有成效的威信、她与宗教慈善共享的博爱，这些前后一致的受刑资料让我们看到沉痛的历史上最悲情的两个时刻。

第一个时刻是发誓弃绝书的签署——还有许多悬而未解之谜。简短的法语文本和让她在上面签字的冗长的拉丁文本对比起来毫不相符。虽然她会签名，但只画押了事——"画押十字"。他和王储的军官之间约定所有的冒充的文本，所有被迫签署的文本,没必要签上具有法律效力的名字,都以十字画押。于是在这个看似上帝发来的指示下面,她仰天大笑,画上了昔日的十字,让以她的肉身做赌注的那些人从她的记忆中挣脱。

第二个时刻可能是她最严峻的考验。在整个审讯中她回归对上帝的虔诚,因为好几次她都笃信她会被拯救。可能在最后一分钟,她希望自己被架在火刑的柴堆上受难。因为火焰的胜利证明她是被欺骗的。一个英国士兵在她胸前架起两根交叉的柴火,她在等待十字架上的受难;在瞬间冒起的烟火中隐约可见隔壁教堂的神父给她佩戴的十字架(因为没有任何人敢拒绝给这个反复无常的异教徒佩戴上十字架……)。腾空而起的火焰伴随着撕心裂肺的叫喊,在所有基督徒的心中回响不已,如同圣母看到在苍白的天空映衬下的十字架上受难的耶稣时发出的嘶喊。

最后,贞德只喊出了一个词,耶稣。

于是,从布劳赛良德森林(Brocéliande)到圣地的墓地,古老的骑士从坟墓中站起。在悲哀的夜晚,英勇的圆桌骑士、圣路易的随从、耶路撒冷陷落时倒下的第一批战士以及麻风病国王最后的忠诚的守护队,他们分开棺木上的卧像那合在一起的双手,所有的基督世界的灵魂都赶来聚集一堂观看熊熊的火焰升起,这些火焰将会继续燃烧成百上千年,定格成骑士们的血肉之躯。

"你听到的声音讲了什么?"有人在她还未死之前问她。"这些声音告诉我:'去吧,上帝的女儿,去吧,胸襟宽广的女儿!……'"这颗为法国而战的心脏依旧如新,人们在灰烬中发现了它,刽子手无法也不敢把它复活。于是人们决定把它扔到塞纳河里,"以便不让任何人能找它,把它奉为圣物"。

因为不仅是在奥尔良,在她拯救的大部分城市里都有她的影子。烧死她比从法国那里夺取她的灵魂更容易。在国王抛弃她的时候,这些城市列队呼吁把她解救出来。后来,一点点地,整个王国收复回来了。鲁昂最后被解放了。查理七世因为一个女巫而不用担心他的加冕,他下令重新审判,为贞德被判作女巫平反。

在巴黎圣母院,贞德的母亲,在偌大的教堂中堂,丧衣在身,诚惶诚恐地呈上教皇下令要重申的奏折。在她身后站满了前来观审的冬雷米小镇①居民,人群中还有来自沃库勒尔镇、希农、奥尔良、兰斯和贡比涅等地方的人……往事历历在目,专栏记者呼吁进行控诉:"虽然我的女儿没有这样想,没有策划,没有背信弃义,但有人想陷害她,让她徒负无数罪名,极不公正地给她定了罪……"凄惨的控诉,失望的声音顿挫。巴

---

① Domrémy,贞德出生地。——译注

黎已全然忘记自己曾处于勃艮第公国的铁骑之下,它转眼间变成了法国国王圣路易的城市,和那些从多雷米和沃库勒尔来的人一起哭泣,火刑架上的记忆在哭泣声中逐渐模糊,哽咽的声音在夜空中缭绕不绝。

重审开始了。

让我们忘记吧,忘记那些满载荣誉的审判官阴森的审判,他们什么都想不起来了。但有另外一些人仍然记着这一切。长长的队伍,从衰老中走出,如同从黑夜中走出……四分之一个世纪过去了。贞德那些年轻的侍从是些深思熟虑的人;她的战斗的同伴,她的忏悔师——他,没有抛弃她——都是花白的头发。在这里开始的不是神话,而是人类心底最隐秘的公正在隐隐作痛。

这个女孩,在那一年当中,所有的人都知道她或遇到过她。他们遗忘了很多事情,但是没有忘记她在他们身上留下的痕迹。阿朗松公爵有天晚上看到她穿衣服,她和其他人一样,他们睡在干草上,他说:"她很漂亮,但是没有人敢要她。"在认真的、恭敬的书记员面前,得胜的法军指挥官忧伤地回忆起二十七年前的那个时刻,在月光下……他也记得贞德第一次受伤。她曾经说:"明天,我的血会在胸前流淌。"他又看了一下穿过她肩膀从后背射出的箭头,贞德继续坚持战斗到晚上,最后取得了图列尔堡垒战(la bataille des Tourelles)的胜利……他再次看到加冕仪式了吗？她对圣路易加冕皇冠还深信不疑吗？唉！对于所有的目击者来说，她是那个时代的主保圣人，那个时代的人们追随他们的梦想，跟随他们的内心；从公爵到忏悔师，再到马倌，所有的人都在谈论她，他们好像《圣经》中的东方三博士（Rois Mages）一样，回到他们自己的领地，谈论那颗消失的星星……

从这些成百上千的被询问的幸存者口中，从冬雷米的欧维耶特（Hauviette）到迪努瓦（Daunois）的口中，一个熟悉而又独特的形象产生了，欢乐与勇气并存，法国圣母院的钟楼上听到天国的小鸟啾啾声——那是奥尔良的人民看到贞德从图列尔堡垒战中凯旋，欢呼雀跃的贞德，反衬的是鲁昂审判中的贞德，形只影单面对众人的愤恨，手腕上的镣铐痕迹清晰可见。19世纪人们又发现了这个怀旧的、逝去的时代的报道，后来她被封为圣人：圣女贞德复活了，成了祖国的象征，世界的典范。对于新教徒来说，她和拿破仑是我国历史上最著名的人物；对于天主教徒来说，她将永远是法国的圣女。

在两年前巴西利亚（Brasilia）建成之日，孩子们表演了几段法国历史场景。一个十五岁的女孩扮演圣女贞德，出现在明亮的焰火堆上；她举着她的旗帜，拿着三色大盾牌，戴着弗里吉亚帽。在这个小共和国面前，我在遐想米什莱或者雨果那不安的微笑。在巴西人铸就的、被称为希望之都的城市的建设中，贞德和共和国两个都是法国，因为两个都是追求自由的集中体现。如同古代的女神一样，如同后来的所有的光辉形象一样，贞德从此以后是人类矛盾的梦想的体现。猛禽栖息其上的高耸的烟囱下竖立着她那三色雕像。她是竖立在路边的圣女木雕，道路边法国骑士的墓地和法国新历共和二年的士兵①墓地比邻而立。

啊，这种独特的胜利的形象同时也是让人心生怜悯的！宣判死刑的羊皮纸传递给我们的是鲁昂法官惊讶的颤栗，你这样反驳他们："我没有滥杀过任何人。"他们提起你盔甲上流淌的鲜血：他们发现那是你的血。去年，当《安提涅斯》再次上演的时候，底比斯的公主也像你一样剪掉了头发，从像你那样不屈不挠的身躯里说出这样不朽的话："我不是来寻求仇恨的，而是来和你们分享爱的。"当法国对于所有的人来说成为一个动摇的形象时，人们认出那就是法国，这就是为什么，在法国面临最艰苦的考验时，人们从来不会对法国失去信心。而在巴西孤耸的高原上，圣女贞德在弗勒吕斯共和国（République de Fleurus）的再现和上演，让我们看到牺牲奉献的圣光，越是无畏，越是耀眼。这个在火焰上蜷缩的身体选择了火刑，柴火会烧去她的伤口。大地上潮起潮落，生命不息，

---

① 这里指的是法国大革命中的士兵。——译注

对于所有那些知道应该赴死的人来说,牺牲就是选择死亡。

啊,没有陵墓的贞德,你知道英雄的坟墓在活着的人的心中,看看眼前这座虔诚的城市!贞德是没有固定的面孔的,两万多个你的雕像微不足道,这还不包括教堂里的雕塑;对于法国热爱的一切,你都奉上你无名的面孔。让奥尔良的女孩们继续以你为荣耀!所有的女孩毫无二致,所有的女孩都聚集在你的身边,当下困难重重之时,这些女孩代表的是坚毅、信心和希望。

《马尔罗笔下的戴高乐》,书籍俱乐部出版社,1980年

让·穆兰的骨灰移至先贤祠

1964年12月19日在巴黎的发言

尊敬的共和国总统先生:

让·穆兰潜回并被空投到普罗旺斯的土地上已经有十二年了,在也是像今天这样一个十二月的一天,成了黑暗中的人民的领袖。没有今天的缅怀仪式,会有多少法国儿童知道他的名字呢?他的一生就是为抵抗事业而活着的;从那之后,有一千六百万儿童相继出生……

两次世界大战以黑暗中的人民的复活而结束,让我们铭记着此人功不可没,他是抵抗运动的象征,人们自发地聚集在他的遗体周围,庄严肃穆地守护着他。

二十年之后,"抵抗运动"成了一个混合着传奇和运筹的灵薄狱。他深爱他的人民,重情重义,早已闻名遐迩,这就是我遇到他时他的样子。在科雷兹省的一个小村庄里,德国人枪杀了"马基"游击队的一些战士,并下令让村长在黎明前秘密掩埋他们。这个地区有个传统,村庄里的每个女人都要站在她家族的坟墓前参加村民的葬礼。没有人认识这些被枪杀的人,他们是阿尔萨斯人。当我们的农民在德国冲锋枪的威吓下背着这些尸体抵达墓地的时候,茫茫的夜色减退,显现出穿着黑色丧服的村妇们,她们站满了山坡,在她们亲人的坟墓边一动不动地等待着把这些法国人埋葬起来。

怎样把这股热忱组织起来进行抵抗?我们知道让·穆兰在他去伦敦的时候对"抵抗运动"的想法:"如果不把这些散乱、满腔热血、随时准备出生入死的各分队联合起来组成内地联盟,这将是罪大恶极、不可饶恕的,他们会组成一个现成的、富有凝聚力的跳伞队,他们熟悉地形,同仇敌忾,至死不渝。"这正是戴高乐的看法。但是让·穆兰于1942年1月1日跳伞空降潜回法国时,"抵抗运动"还未成形:只有一份地下报纸,一个情报据点,把这些队伍组织起来的筹划还未成气候。不过,这些情报信息已经和个别盟军建立了联系,当盟军登陆的时候,这些队伍揭竿而起。当然,这些抵抗运动分子跟定盟军进行战斗。但是他们不想只当抵抗的法国人,他们想要拧成一股法国的"抵抗运动"。

这就是为什么让·穆兰去了伦敦。并不仅仅因为那里有法国的战士(只是一个宪兵团),不仅仅因为帝国的一部分已经重新集合了"自由法国"(France libre)。他来向戴高乐请求财力和武器方面的资助,他也是来向他征求"道义上的首肯,和他建立起广泛迅速的信任关系"。第一天戴高乐说了"不"以拒绝;然后是不论在哪里,不论以什么样的形式都要坚持不懈斗争的态度;最后,法国迎来了她的命运。1940年6月发起的一系列号召的力量源泉是"还没成形的各方力量",但更主要是因为这句话:"法国应当取得胜利。这样她才会重新获得她的自由和伟大。"是法国,而不是这样一个法国战士宪兵团。正是通过"自由法国",比尔·哈克姆的抵抗分子才联合起来,组成了时刻战斗的"战斗法国"。每个抵抗组织都能通过武装自己并支持它的联盟获得合法地位,哪怕只是通过它本身的大智大勇;戴高乐将军把各抵抗组织彼此团结起来,和所有其他的战士团结起来,因为通过他的号召法国才万众一心,同仇敌忾。这就是为什么——即使当罗斯福总统自以为已见识过将军们或政党们的竞争能力——非洲军队,从普鲁旺斯一直到孚日山区,以戴高乐主义之名投入战斗——共产党的部队也如出一辙。这就是为什么让·穆兰在火柴盒的内盒里藏匿着一个微胶卷,那是一则简洁明了的指示:"穆兰先生的使命是负责在法国本土还没有被直接占领的地区,联合各方抵抗敌人及法奸的力量,组成统一的**行动组织**(l'unité d'action)。"

他不辞劳苦地向那些抵抗组织的首领指出在不同指示下的抵抗活动会撕裂"抵抗运动"。每个重大的事件——苏俄的参战,然后是美国的加入,北非的登陆——都会加强它的地位。从盟军登陆之后,法国很快成为一个重要的战场。但是地下报纸、情报却处于占领区,而不是战争区。"抵抗运动"很清楚,如果没有盟军的介入,"抵抗运动"很难解救法国,它不能忽视"抵抗运动"统一的军事行动所提供的鼎力相助。它也逐渐明白炸毁一座桥是容易的,但是修复这座桥就没那么容易了;"抵抗运动"炸毁两百座桥是容易的,但对德国人来说修复这些桥是很艰难的。总而言之,它知道要有效地协助盟军登陆是与全局的统筹分不开的。地下抵抗分子应该在法国各条道路上、各个铁路上——破坏德军装甲师的集结。而这样的全局计划只能在"抵抗运动"的统一协调下才能运筹帷幄并执行下去。

这就是为什么让·穆兰日复一日、不辞劳苦地先后联合不同的"抵抗运动"组织:"现在,让我们尽力平息当前的愤恨……"我们不可避免会有一些人员方面的问题;但更多的问题是"战斗法国"(France combattante)处于水深火热之中,各个游击队员,或这些不受约束的抵抗组织,常常彼此内讧、相互抗衡、彼此伤害,但同时又都觉得是为了抵抗侵略而战……谁能够义不容辞地打开局面,协调运作这些激进的或反动的教师们、反动的或自由的军官们、托洛茨基分子或者从莫斯科归来的共产主义分子,所有的这些人都声称为了解救法国而不怕出生入死;这个西班牙共和党的朋友,这个被维希政府驱逐的以前的"左翼省长",他义无反顾地要求欢迎"La Cagoule"组织①幸存者的加入。

让·穆兰根本不需要欺世盗名:不是他创立了"战斗社"(Combat),不是他创立了"解放阵线"(Libération),不是他创立了"自由射手"(Franc-Tireur),创立者分别是福莱纳(Frenay)、达斯提耶(d'Astier)、让-皮埃尔·莱韦(Jean-Pierre Lévy)。不是他创立了这么多的北部抵抗组织,历史会记住这些名字。不是他建立了军团,但他建立了军队。他就是"抵抗运动"中的卡诺②。

在民族存亡的关键时刻(民族,而不是希特勒坦克碾压下

---

① 该组织正式的名字是"革命行动秘密组织",当时各大报刊俗称为"La Cagoule",意为蒙面兜帽组织,是活跃在法国20世纪30年代的右翼组织。——译注

② Carnot,法兰西第三共和国第四任总统,在里昂被意大利无政府主义者刺杀。——译注

的民族主义),所谓的政治见解几乎是微不足道的,但是毋庸置疑的,暗雾重重的数据将会占据这个世纪,它会站在仍在欧洲回荡的集权教义的上风;看看在统一的"抵抗运动"中,为了争取国家的统一,最首要的战斗途径就是肯定戴高乐主义的号召。它才能宣称法兰西的残存。

在二月份,这个充满激情的俗人从一个本堂神甫住宅的谷仓里,通过无线电和伦敦建立了联系。四月份建立了宣传信息部门(Service d'information et de propagande),然后建立了研究总署(Comité général d'études);九月份,建立了公共管理的核心。戴高乐将军最终决定建立一个"协调委员会"(Comité de coordination),由让·穆兰任委员长和"联合秘密军"(l'Armée secrète unifiée)首领副手。前期的准备工作告一段落。让·穆兰从南部地区"抵抗运动"的协调员变成了委员长。1943年1月,抵抗运动的联合行动指导委员会(Comité directeur des Mouvememnts unis de la Résistance,一直到解放前,我们称之为 Murs),就是在他的领导下创立的。二月份,他又偕同秘密军首领德莱斯坦将军(Delestraint)和雅克·达尔萨斯(Jacques Dalsace)动身前往伦敦。

关于在伦敦的停留,帕西上校(colonnel Passy)的转述简直让人心碎。

"我见到穆兰时他脸色苍白,心情沉重,令人揪心,他就站在离戴高乐将军几步远的地方,将军压低声音发出'立正'的命令,然后说:'您是我们的战斗伙伴,为了解放法兰西,您的胜利让我们引以为豪。'在戴高乐拥抱他的时候,一滴因感激而留下的自豪的、坚毅的泪水,顺着我们的穆兰同志的脸颊缓缓地流了下来。因为他挺着头,在他脖颈那儿我们还能看到他在1940年为了避免在敌人的折磨下屈服而用剃须刀自杀时留下的疤痕。"

敌人的严刑拷打啊……三月份,穆兰被委任组建并主持"民族抵抗运动委员会"(Comité national de la Résistance),登上了将要把他空投到罗阿纳(Roanne)北部的飞机。

这个"民族抵抗运动委员会",把法国的各个抵抗组织、党派和工会联合起来,取得了暂时的统一,确保了盟军登陆那天,我们衣衫褴褛的"抵抗运动"的军队能和装甲解放部队汇合。

让·穆兰又要见到他千辛万苦聚拢在一起的各抵抗组织。他也要见到一个支离破碎的"抵抗运动"。在这之前,"抵抗运动"如军队一样作战,出生入死,荣辱与共。而现在,"抵抗运动"开始遭遇身陷集中营的命运和折磨,开始与地狱作斗争。

他在收到了一份有关集中营的报告后对他的联络官徐泽特·奥利维尔(Suzette Olivier)说:"我希望他们在我们被关

进集中营之前被杀害。"他们大抵不需要射杀他①。

"抵抗运动"在壮大,我们的游击队很快就要遭遇强制劳动了;盖世太保的势力也在壮大,到处都是民兵部队(la Milice)。我们在乡下的深夜里听到狗叫声而警戒的时刻来临了;彩色降落伞从天而降,投放武器和烟火到高山空地上的时刻来临了;被打入地窖,折磨得死去活来的叫喊声夹杂着孩童的啼哭声的时刻来临了……与黑暗的大较量开始了。

1943年5月27日在巴黎的福尔街(rue du Four)召开了"抵抗运动民族委员会"第一次会议。

让·穆兰重申了"自由法国"的目标:"投入战斗;把法国人民的发言权还给人民;在一个倡导社会公平、祖国繁荣的国家里建立共和国的各种自由权力;和盟军并肩合作,在法国将要重振威风的这个世界上,在经济和社会方面建立一个真正国际意义上的合作。"

然后他宣读了戴高乐的留言,在"抵抗运动民族委员会"上确立了他所代表的"抵抗运动"的首要目标,那就是**保持统一**。

每个抵抗运动成员都危在旦夕,命悬一线。

6月9日,"联合秘密军"首领德莱斯坦将军在巴黎被抓。

---

① 穆兰后来被严刑拷打至死。——译注

谁来接替,问题棘手。让·穆兰在舍赫勒①到来之前说过很多次:"如果我被抓了,我可能连招呼副手一声的时间都没有……"而这对于地下工作者来说是家常便饭。他想取得各个抵抗组织,尤其是南方各抵抗组织的同意,以便任命接替的人。他将在 21 日和各方代表在卡吕尔②碰头。

他们在那里等他的到来。

盖世太保也在那里等他。

背叛起了作用——而命运也是,总是很准时的让·穆兰迟到了三刻钟,而刚好德国警卫队也迟到了那么久。很快,德国警卫队知道他们擒到了"抵抗运动"的首领。

德军抓到了他也无济于事。那天在里昂的堡垒里给他上刑之后,盖世太保的手下递给他一支笔,因为他已经受尽折磨而讲不出话来了,让·穆兰画了一张给他上刑的刽子手的讽刺画。后来的刑审更是惊心动魄,只让我们在这里听听他姐姐说的简短的几句话:"他的作用已经发挥了,现在该他走上十字架了。被鞭笞抽打,满头鲜血,各器官被分割,他忍受了人所能忍受的痛苦的极点,却从来没有透漏半点秘密,尽管他

---

① Claude-Bouchinet Serreulles,法国抵抗运动成员,穆兰先生的副手。——译注

② Caluire,里昂北部的小镇。——译注

知道所有的秘密。"

我们要明白在他还能讲话或者还能写字的时候,"抵抗运动"的命运就悬在这个人的身上。如同穆兰夫人所说,他知道一切。

乔治·比多(Georges Bidault)后来接替了他。这个让人心惊肉跳、代价高昂的守口如瓶赢得了胜利:命运在摇摆。"抵抗运动"的首领在地牢里牺牲了,用你那失去的双眼看看所有的这些黑衣女人,她们在守望着我们的同伴,她们悼念法国,悼念着你。看看在凯尔西(Guercy)那矮小橡树下匍匐前行、手举平纹细布打结而成的旗帜的这些游击队员,盖世太保永远也不会抓住他们的,因为他想着你们只能藏匿在大树林中。看看这个囚犯,这个进到一个豪华别墅却自问为什么给他配置浴室的囚犯——他还没有听说过浴缸。可怜的遭受酷刑的人民之王,看看你的黑暗中的人民,他们在饱受折磨的六月的星夜里站起来了。

听着德军坦克再次北上诺曼底的轰隆隆的声音,伴随着被惊醒的牲畜的哀鸣:幸亏有你,德军的坦克才没有及时抵达。当盟军开始突破的时候,看啊,长官,共和国的专员,除非他们被枪杀,在法国的各个城市涌现出来。你曾羡慕勒克莱尔元帅(Leclerc)那传奇般的流浪军:我们的战士,你看,你的流浪军从橡树密林中爬出,用他们那双在火箭筒中锤炼出来的农民的双手,阻拦住了希特勒帝国的一个装甲师——帝国师装甲队①。

如同勒克莱尔进入了荣军院,带领着他那曾在非洲和阿尔萨斯激情奋战的队伍,让·穆兰和他那视死如归的队伍进到了这里。与那些和你一样在严刑拷打前坚贞不屈的人安息在一起;甚至让人不忍的是和那些在酷刑前屈服的人在一起;和集中营里所有被划去、被铲除的人在一起,和《夜与雾》中那踉跄的一排人中最后一个在枪托下倒下的躯体在一起;和八千名没有从苦劳役归来的法国女人们在一起,和在为给我们的人提供躲藏而在拉文斯布吕克集中营(Ravensbrück)被杀害的最后的那个女人在一起。走进来吧,和在黑暗中出生并与黑暗一起消失的人民一起,我们的兄弟们,一起走进长眠的夜里……

巴黎解放纪念日那天我曾说过:"祖国的年轻人,你们听着,这些敲响的纪念钟声如同十四年前的钟声。这次你们还能听到这阵阵钟声:钟声将要为你们敲响。"

---

① 党卫军帝国师被认为是武装德国党卫军的顶尖王牌,是党卫军最早组建的师级部队。——译注

今天的纪念不能不让我们想要高唱这首歌,这首《游击队之歌》我曾听他们在孚日山区的山雾中、在阿尔萨斯的树林中唱过,一首默契的战歌,混合着营队的迷失的羔羊的哀嚎声,当时柯雷塞的火箭筒遭遇伦德施泰特[①]再次袭击斯特拉斯堡的坦克。法国的年轻人,今天你们听着,对于我们来说,这首歌曾是悲恸之歌。它是今天殡仪队前行的脚步声。在卡诺和他的共和二年的士兵的骨灰旁、在雨果和他的《悲惨世界》的骨灰旁、在公正之神俯视的饶勒斯的骨灰旁,他将和这些亡灵的队伍长眠在这里。年轻人,今天你们想到这个人,能感觉到你们的双手靠近这张在生命最后一天中无形的脸庞,靠近他那没有泄漏任何秘密的双唇;那天,他的面孔就是法国的面孔……

《悼词》,伽利玛出版社,1971年

---

① Rundstedt,卡尔·鲁道夫·格尔德·冯·伦德施泰特,1875—1953年,纳粹德国的陆军元帅。——译注

1965年12月15日在巴黎体育宫

以"为了第五共和国"协会的名义发言①

我们都知道,密特朗先生第一个知道,对于戴高乐将军来说,左翼和右翼的区分要以他们为法国做过什么来定义。

我们也知道在历史上最近的一次事件,也就是阿尔及利亚事件中,密特朗的团队在此期间羽翼丰满,造成左右对弈的局面。

我们后来也知道,戴高乐将军有两次差点被右翼分子暗杀,而密特朗今天给你们发出声音,无非在高唱他过去的共和经历。

如果说左翼只是由一定的政要组成并在政府里就职,那就没什么好讲的了。但我认为,和密特朗一样,左翼除了常规

---

① 第一次普选总统的两轮投票之间的发言。第一轮投票未能产生最终结果,戴高乐将在第二轮投票中与弗朗索瓦·密特朗竞争。

含义,还包含其他的东西。

首先就是法国大革命。可以不无理由地说,在一个右翼政党眼里,法国大革命就是断头台,而对于左翼政党来说,它就是弗勒吕斯战役。像大家一样,我听说过密特朗对自由热爱的赞美歌。面对那些如此伟大的大革命给人类带来的贡献,这些微不足道的颂歌简直是靡靡之音!对于我们来说,左翼活跃在历史的叱咤风云中,法国因为它而成为全世界的法国。

在墨西哥普埃布拉博物馆(Puebla),馆长和我激情澎湃地讲我们法国,拉丁美洲国家常常对法国满腔热忱。在博物馆的墙壁上可以看到画着墨西哥部队攻打朱阿大兵①的湿壁画。我问他:"为什么我国远征墨西哥,而您的国家依然对法国情感深厚?"他回答:"有几篇文章,不多的几篇,我国的儿童都在学校里学过。尤其是维克多·雨果写给华雷斯(Juarez)的那封信——在马克西姆皇帝节节胜利的时候写的。"这封信所有的墨西哥儿童都能背下来,而很少有法国儿童知道。内容如下:

> 总统先生,如果您成了征服者,您将会在我们这里受

---

① 朱阿大兵,轻步兵,隶属于法国的"非洲部队"。——译注

到市民的殷勤接待；如果您被征服，您将会在我们这里感受到被剥夺者的款待。

法国对于墨西哥来说就是这封信。馆长曾急忙踱步上前欢迎戴高乐将军的来访。我怀疑他是否会同样殷切地欢迎密特朗先生。因为戴高乐的来访具有历史意义，在历史上，征服历史从来不会以条件式现在时的假设形式出现。一个墨西哥人会觉得很可笑，倘若他听到有人抨击拉丁美洲称之为Libertador的解放者，如果拉丁美洲共和国家的建立者，是一个什么也没有拯救过的建立者，他们会贻笑大方，倘若共和党联合起来去反对一个曾两次拯救法国的人，他们也会觉得相当滑稽。

有些国家资源有限不得不放眼世界，所以才会强大，比如德雷克①时期的英国和伦敦战役。有些国家身体力行，施展宏图，为全世界国家率先垂范，成了伟大的国家，比如十字军东征时期的法国和法国大革命。在前往东方的路上，有很多法国骑士的坟墓，比如在西欧的战场上，有许多法国共和二年的士兵的躯体。一个高举杜伦尼②宝剑的民族，在整个欧洲

---

① Francis Drake，1540—1596年，英国历史上著名的探险家和海盗。——译注

② Turenne，1611—1675年，全名Henri de la tour d'Auvergne，路易十四时期的法国陆军大元帅。——译注

第一个建立正义的军队,在一百年期间,这个历经无数战场衣衫褴褛的军队在世界人民最高尚的梦想中存储着满满的记忆:

> 他们驱逐了二十个国王,穿越阿尔卑斯山和莱茵河,
> 他们的英魂在青铜的军号中欢唱……

密特朗先生,您和我,在这些英烈面前该何去何从?他们歌颂自由,歌声响彻欧洲大地。共和党唯一的候选人,您有什么权利在弗勒吕斯那儿高高在上——您当时本人甚至都没有在西班牙?您曾当过第四共和国的十一任部长,您可能也会是第三共和国,也可能是第二共和国的部长。您和我都不曾当过第一共和国的部长。

作为共和党唯一的候选人,您却任由共和国沉睡!……

这个共和国在19世纪就消亡了。但共和国的精神和思想并没有随之消失殆尽。那就是公平的意愿——首先便是社会公平。这个意愿就是国家的独立自主。不是民族主义,是独立自主。当个人自由的意愿遭遇重重危机,您却假装没有看到。这些愿望现在怎么样了呢?在世界看来,在法国自己的眼中,不是人们说什么,而是为这些想法做了什么。

要有左翼的安身之所,首先得有共和国的存在……我们

得说共和国在1944年发展得不是很顺利。啊,我的同伴们,你们在斯特拉斯堡以一对四的悬殊比例在作战,你们知道,被美国军队放弃的这座城市,如果没有戴高乐,将会有什么样的危机,你们是否记得在这危急存亡的关头,戴高乐将军领导救亡图存,和共和国同患难共存亡?谁对你们说过,有一天他会受到攻击,被那些十二年间"你方唱罢我登场"的政党过客攻击①,他们借着我们曾悲痛地一起点燃的火炬之名进行攻击?

共和国需要最起码的政治公平。首先是妇女的选举权。掌权的政客那时拒绝法国女性拥有选举权,而他们却同意土耳其妇女的选举权。这是不可阻挡的吗?当然,法国女性有选举权已经二十年了,戴高乐说到做到,他做到了那些政客曾说过但没做到的事情。

法国的复兴需要名副其实的威信,所以这个威信得建立在人民的威信之上,总统的选举需要人民的普选。这次只是动嘴说说选举自由是戴高乐重建的或建立的已不足够。正是有了这个自由,您今天才能成为总统候选人,密特朗先生。像其他的自由权利一样,并不是说,这个选举的自由不是在您缺席的情况下建立的,而是说这个自由选举的权利尽管有您的

---

① 法国第四共和国从1946年起跟跟跄跄存在了12年。——译注

存在还是建立了。1962年10月,在尼耶乌尔(Nièvre)市长大会上,您宣称共和国总统由公民选举出来就是*剥夺被选举人的权利*。

在社会领域,有两个重大的决定已经实施二十年了:国有化和社会保障。是谁实施的这两个决定呢?

在人类公平方面,1940年战争以来最激动人心的人类的公平当属非殖民化,你们身处要把黑非洲变成一个广袤的、在阿尔及利亚边缘的印度支那的法国体制,而阿尔及利亚,你们在那里既不会打仗也不会带来和平。法国今天的面孔,从布拉柴维尔(Brazzaville)到阿尔及尔,一直到阿尔及尔!是右翼的面孔或君主的面孔,不是吗?当塞内加尔的总统写道:"以我们的观点来看,是戴高乐将军占据着一个变革的社会党阵营,他的对手们是保守的阵营,因为他们是新殖民主义者。"这大概出于对个人魅力的尊敬。再者,桑格尔总统(Senghor)还不熟悉非洲呢。

终于,二十五年来,法国士兵之间第一次不再互斗,这大概是反共和的吧。

戴高乐将军因此重建了共和国,给予女性选举权,实行共和国总统普选、国有化、社会保障、家庭补助、企业管理委员会等政策;成功地进行了非殖民化,让法国重新显露她在历史上的面孔;解决了棘手的阿尔及利亚问题,与唯一的危险的右翼,与阿尔及尔的军事政变和帕蒂-克拉玛事件①进行真正的交锋。

您,您做了什么呢?

您在做左翼的白日梦。您认为口头讲一讲左翼就是左翼。昨天一个工人给我写信说:"您说得很好,如果我投戴高乐一票,那是因为有了他,就没有共和国保安队(CRS)踩在我们的背上,而密特朗时期,我们一直有共和国保安队作威作福!"您不是公平的捍卫者,每次当公平遭遇重创之时,您好像都没有在场。您不是个人自由的捍卫者,对于您来说这些自由的权利从来没有岌岌可危的时候。您不是国家独立的捍卫者。

显然您没有象征任何真正的左翼行动,显然您不是共和国的象征,即便您象征着某种东西,那您到底象征着什么呢?

首先,是您那和实际政治行动相对立的惯性的政治意图,它实际上是煽动群众和蛊惑人心相互交织的哗众取宠。让选民登天比给选民提供登天的途径更容易。您一厢情愿地认为历史的羁绊用议会就可以解决。您说:"如果我被选上了,我就解散国民议会,我会和选举中胜出的多数派一起治理国

---

① Petit-Clamart,1962年发生在帕蒂-克拉玛的刺杀戴高乐事件,未遂。——译注

家。"很好。您寄希望这个多数派将会由您刚刚拉拢在一起的这些类似的选票组成。让我们来设想一下。你们不到一半的选票支持"统一欧洲"(Europe intégrée)，也就是说美国的欧洲；一半以上的选票是共产党，是反对党。这可是个大问题，而不只是个细节问题。您的议会筹码能改变这一切吗？您要把法国一分为二？或者一分为四？因为您就是四个左翼政党的唯一候选人——其中就有极右翼政党。

我听了您在电视上的讲话，您注意到戴高乐将军提出来的所有的问题，比如历史问题等，您都寄希望于通过联合来解决，通过与某个政党之间的"合法合同"（难道还有一些不合法的合同?）来解决。饶勒斯的左翼政党并不是个联合体。国家号召的全民普选根本不是选择左翼还是右翼，而是要在一个在历史上有贡献的人和政客之间作选择。

我并不是排斥政治家。他们在第四共和国没什么特别不对的地方。从古希腊开始，政治家就没有过多少改变。简而言之，他们几个世纪以来形成了一个谈判者俱乐部。历史目标——也就是长远目标，常常在他们那里被眼前的目标所取代，也就是说，在现代社会，常常被用于选举的承诺目标所取代。密特朗政府承诺给我们的，好像科幻的东西一样，是历史的幻觉。这个左翼政党怎么不敢说出"工人阶级"这个词语；密特朗对共产党的威信让人大打问号，即使他有一点威信，共产党也不会支持他的,其他政党的领导们更不会支持他!在每个人都玩躲在树林角落的躲猫猫游戏的时候,密特朗先生只能在达拉第①和克伦斯基②之间做选择。左派没有联合起来,全国人民都知道这点,政客们一旦掌权就会宣布这一点:联合左派的真正目的就是为了选举。

我不想在这里谈论利益之类的东西,我想谈的是更深刻的历史现实,我把它叫做作为政府的天然手段的折中共识(le compromis comme moyen naturel de gouvenement)。第三共和国的结束是这种共识造成的最悲剧性的结果,第四共和国则是因这种共识而导致了让人痛心疾首的消亡。在1940年战争之前,人们需要调解装甲师和传统武器的捍卫力量,每半个坦克配备半个士兵——效果立竿见影。政府的这个理念从"国民公会"(Convention)直到克莱蒙梭,从来没有经得住国家危机的考验;它也没有经受住现代国家所面对的前所未有的文化上的变化。但是它却保留了选举的价值观念,因为一个共同的计划关切的是要做的事情,而不是在做的事情。政客的聪明之处就是绕过困难。这就是他与众不同的无能为力——这在1940年他们面对悲惨事件的时候就看到了。所

---

① Edouard Daladier,1884—1970年,法国政治家、总理,社会激进党领袖。——译注

② Kerensky,1881—1970年,俄罗斯社会革命党人。——译注

以政客们得编造一个臆想世界,而在这个臆想世界里,困难是实实在在的——发展低迷、其他民族问题、苦难、世界前所未有的变化——这些都被一个单个对手所取代:政治对手,变成了魔鬼的政治对手。集权国家的信仰是传奇般的善恶二元论:政客们的信仰很长时间以来都是选举上的善恶二元论。

正是因为这样,所以这一切并不是偶然,密特朗在科摩罗诸岛(Comores)选民问题上弄虚作假,给了这些岛屿和五个法国大陆省份(最小的五个省)相当的选民数目,共有384000个选民,而科摩罗诸岛有113000个选民。这他应该比我更清楚,因为他曾担任过法国海外部长。而这个数目是今天投戴高乐的选票数目。

正是因为这样,我们得让我们的国民教育改善营养不良的状况,为此政府进行了双倍的预算,而曾在十一个内阁中任职过的密特朗先生并没有为国民教育做过什么。

正是因为这样,我们得理直气壮地说:"我要重新建立和农业共同体市场的联系!"这些联系还没有中断;如果共和国总统在5号就已经选举出来,那么一个记者见面会就会在意大利举行。如果法国没有要求把农业纳入欧洲的发展之中,那么农业就永远也不会被纳入其中;那么就没有一个农民,他的农产品的销售者会接受与他的购买商签订合同,购买商可能随时更改合同内容,无须征得农民的同意。

正是因为这样,您才假装不明白为什么前天戴高乐选用了"社会保障"(assurances sociales)一词来讲"社会保险"(Sécurité sociale),戴高乐坦然承认使用的是1930年的保障体系。

正是因为这样,我们可以说戴高乐没有什么外交政策,而是轮番采用这些老调政策:"这个政策搁浅了;于是我们再试另一个。"密特朗先生却认为这是一个糟糕的外交政策,而正是这个政策让法国重拾丧失了长达三十年之久的地位!

正是因为这样,我们才联合中国,以抗衡苏联。不"出手"中国这张牌的话,我们就没法对抗任何人。戴高乐将军决定法国一定要有她自己的外交。要是没有自己的外交政策,那就是人们所说的卫星国了。

本周,密特朗先生的外交政策就是和人民共和运动(MRP)、社会党和共产党的外交政策相妥协。而这样一个奇怪的妥协只有对将来的政策来说才有可能发挥作用,一个现在尚未实施的政策,其谨慎的结论是"应该保留原先的联盟并征服新的盟国"。而这和戴高乐试图要做的有什么区别吗?密特朗先生说他更讨喜一些。也许……会没那么受爱戴。区区一个微笑能造成多大的舆论呢?

正是因为这样,我们得说一个稳定的计划目标是平稳经济,而他的目标却是确保经济的扩充。

正是因为这样,我们得在地铁里张贴——这个密特朗先生没去做,但其他人利用他在做,即使他不赞同——我的想法:"如果您的祖父有七十岁了,您会把您的随身物品让他拿吗?"好。如果您的孩子生病了,您会把您的孩子交给施韦泽①医生还是交给一个四十九岁,却失手害死过十一个病人的医生手里?

正是因为这样,我们得说一下个人的政治魅力正和社会的变化所苛求的威信细致地混合在一起,和在美国、苏联以及中国一样,都经历过君主立宪那不堪回首的过去。戴高乐将军曾经就是拿破仑三世。要是他成了路易十五呢?或者是十四、十三、十二、十一……好,停,尤其不要说是路易九世。前日的法西斯的头目,昨日全民表决的头脑,都是无结果的投票,而这每天上午都会发生在希特勒或拿破仑三世的身上,不是吗?不说了,不说了……密特朗先生,眼睛直瞪瞪地盯着摄像头的镜头,像个在刽子手面前英勇牺牲的人一样对我们说:"我们全国的意愿反对单个人的意愿!"他的语调仿佛是1789年宣告人权宣言的语调。当时幸亏有了这个人实行的全民选举,他才能调动起全国人民的意愿,可周日他竟能用一天的时

---

① Albert Schweitzer,1875—1965 年,提出了"敬畏生命"的伦理学思想,于 1953 年获得诺贝尔和平奖。——译注

间就撇清和全民选举之间的关系。

这简直是小孩子玩的把戏,当一个人他自己十一次都表现出他个人的无能的时候(其中有一次是在法国可贵的孟戴斯身边任职),分析"个人政治魅力"一词的含义远比玩弄文字游戏更容易。

正是因为这样,密特朗先生,我们得临摹一下您昨天描绘的戴高乐肖像,您把他描述成一个诱导议员的总统候选人。你们忘记得真快。他向议会提出保住共和国的路线方针;而议会问他怎样做议会才能不至于被跳伞空投的人扔到塞纳河里。这些日子你们只看到一个忙于竞选的戴高乐,我每时都看到国家部长普夫利姆林先生①和居伊·摩勒先生②。我没有看到他们煞费苦心,只看到他们对拯救法国的忧虑。我们看事情的方式不同。看历史的方式也不同。就像您昨日带着一种政治上无辜的表情,不屑一顾地说:"戴高乐将军所勾画的蓝图,我没勾画……"柏格森曾教导说:"不要听我说的,看我做的。"你们当中的杰出捍卫者、参议院院长莫奈维尔先生③

---

① Pierre Pflimlin, 1907—2000 年,第四共和国总理、斯特拉斯堡市长。——译注
② Mollet Guy, 1905—1975 年,工人国际法国支部总书记,第四共和国总理。——译注
③ Gaston Monnerville, 1897—1991 年,法国政治家、律师,1959—1968 年任参议院院长。——译注

昨天是这样发表言论的:"是选一个建立在轻视人民基础之上的政权还是选一个开放民主的尼耶乌尔议员。"这不会让你觉得可笑吗?他还说:"我们得让法国恢复她真正的面貌……全世界的国家拷问人的自由命运的时候都曾以之为楷模的法国。"取消对贫困国家的扶助,是不是?我们当中有几个人很清楚法国是从何时才重新向世界显露她的面孔的……

在把所希望的和有可能的混为一谈这一点上,没有什么比密特朗他自己建立了欧洲的说法更能说明问题的了。我们了解我们的欧洲。十五年前我就跟你们当中的一些人说过了:

"从米什莱(Michelet)伟大的声音一直到饶勒斯,整个上世纪,人们与国家的关联越少,就越能成为他们自己。这就是希望的外形;维克多·雨果相信欧洲的美国是自己打下的江山,这是它成为全世界的美国的序幕。真正的预言家既不是米什莱,也不是饶勒斯,也不是在其他领域如此敏锐的马克思;而是他们的敌人尼采,他曾写过20世纪将会是民族战争的世纪。在国际主义熏陶下的格鲁吉亚人斯大林,因为国际主义而受到非议,他临死之前,通过克里姆林宫的窗户看过去,飘下的雪花掩埋了条顿骑士们和俄国大军,他说,他有权利这样说:'我重新改造过俄国……'

"不论对于精英还是败类,我们都与国家息息相关。我们知道,没有俄国,就没有欧洲;不论我们是否愿意,我们得在它的基础之上建设欧洲。"

在这方面,依然如此,没什么改变。戴高乐将军昨天表示建设欧洲是很难的。从具体出发,清醒地意识到要遇到的困难是很有必要的。我们难道认为仅凭一纸选票,英国人就准备好听从欧洲的德国总统吗?这个统一的欧洲大概是从美国的南北战争开始,这是一个想法。欧洲遇到的困难不是千年的难题,也不是处于水深火热之中,而是戴高乐将军的沙文主义。这个世纪会让我们看到那些敏锐、理性的精英在意识形态方面的局限。

让我们来概述一下。也就是说得知道法国能在哪里找到她行动的道路,她翻转命运的最好的手段。

这一方面是命运使然,要不然戴高乐在1958年之前在帕蒂-克拉玛事件中就已被暗杀。在这国将不国的关键时刻,一个人坚如磐石,肩负起救国存亡的重任,引领世界风骚,心系祖国命运。法国把她的命运交给他掌控已有七年了。他能扬长避短,再接再厉。对大家来说,并不是一切都很顺利,远远不是这样。现在的问题并不是说事情是否这样继续下去,而是说要怎样下去。这关系到国家的未来。假若我想不起来1958年那时戴高乐曾向议员恳求投票的话,我依然能记起他曾在拉佩鲁斯饭店(Lapérouse)神色黯然地对我说:"也许是我的幸运,又见到法国的青春活力……"这个人做了很长时间以来没有人敢做的事情,民主当先:他敢,甚至在总统选举的档口坚决主张紧缩政策,只是因为他觉得国家需要这样做。

我们面对的人,有些善意的人(剩下的人就不用说了),他们任何一个,不论是在我们这里,还是在世界各地,都不具备评估戴高乐的能力,因为这个能力不只局限于一个人。这里不是强调他的个人魅力,而是历史意义的能量。

这个能量服务于法国,如果法国失去了这个能量,她就错了。在美国、苏联和戴高乐之间有个对话,不论这个对话是友好的对话还是不通畅的对话;对于毛泽东来说,和昨日的尼赫鲁一样,法国就是法国大革命和戴高乐。在右翼、左翼和戴高乐之间存在着一个对话,无论是友好的对话还是不通畅的对话,因为左右翼都很清楚他既不属于其中一个阵营也不属于另一个阵营。法国的继任者将全力以赴,但只有当他避开那个圈子的时候才能成为法国命运的继任者,在那个圈子里,人们常常混淆妥协和决策,混淆意图和行动,混淆梦想中的法国和正在建设的法国。

然而密特朗先生所考虑的政府其实是一种折中共识。不是各种同族倾向的结合,而是基本的折中。他的二十八条想法并没有形成一个政策,只是一些意图的目录而已。他不是戴高乐的继任者:他是他的前人。我们面临的选择是历史上曾力挽狂澜拯救过法国、绝无仅有的历史人物,还是俯拾即是的政客们。

我的话讲完了。你们当中有些人知道贝尔纳诺斯在1942年写给他的朋友们的那封信:"不要再焦虑不堪了,法国臆想出了圣女贞德,臆想出了圣茹斯特,臆想出了克雷孟梭①,她在不停地臆想!这是她的事情!"

而我们的事情,就是阻止人们把他们烧毁!……

《希望》,1973年,第二期

---

① Georges Clemenceau,1841—1929年,法国政治家、新闻记者、法兰西第三共和国总理。——译注

1966年3月19日亚眠
文化中心落成典礼上的发言

阁下、各位市长先生、女士们、先生们：

在美国、苏联、中国和我国，在精神文化领域方面，我们都在探索除了政治还有其他什么事情要发展，而这已有十年之久了。

在这里，我们一起想尝试的事情第一次得到了落实，我们可以说今晚要发生的事情会载入史册。

曾听说过，一百三十年前，法国最伟大的女演员未能在这座城市进行表演，因为没有人去听。你们现在都在这里，在你们之后，会有更多的亚眠人。你们是这个文化中心的会员，比在法兰西喜剧院的会员还多。布尔日文化中心的建立有两年的时间了，七千个会员，而布尔日城市人口只有七万人。这简直是前所未有，不论是在哪个体制下，从来没有一个民族其

10%的人口在精神文化的殿堂里济济一堂。

根本原因是什么呢？首先是文明的全面发展。我们都知道我们面对的是一个崭新的文化。让我们也了解一下这种变化达到了何种程度。在爱因斯坦之后，罗伯特·奥本海默①曾说过："即便把我们所知道的已故的所有科研学者加到一起，也不如现在活着的科研学者数量多。"

如果伟大的法老们能够和拿破仑讲上几句话，他们会谈到同一件事情。当然，法国的军队比拉美西斯(Ramses)的军队要多。但这是同样的部长们、同样的财政状况、同样的战争。如果那时拿破仑非得和美国总统好好谈谈，那么美国可能不会知道他们之间有什么共同的话题。

国家的框架，文明的框架已经在我们的生活中发生了深刻的变化，我们是第一批看到的人，仅在一代人的跨度内文化就发生了翻天覆地的变化。因为即使是罗马帝国的消亡也用了四代人的时间，即便圣奥古斯看待当时的罗马命运也是雾里看花。

新的文化不仅摧毁了陈旧的工作环境，也摧毁了旧文明的结构框架，旧文明是宗教文明。

---

① Robert Oppenheimer，1904—1967年，美国原子物理学家，曼哈顿计划主持人。——译注

新文明用精神文化取代了对灵魂的考验,用形而上取代了宗教,用科学的思想取代了宗教,用世界的规则取代了生命的意义。我不去评判它,因为这根本就没有必要去评判。

我在这里重拾我曾在贝纳勒斯梵语大学(Universtié sanscrite de Bénarès)发表的讲话。你们代表着人类五千年的历史,但是只用了这一代人,一切就都变了。世界的规则成了根本问题,即使对宗教精神来说也是这样。

我们不要搞错了:新的文明,当然是机器了,而并不是人们总对我们说的物质主义。美国认为自己完全不是物质主义者,苏俄也不认为自己是,自有它的道理。中国也不认为自己是物质主义,因为她时刻准备着为自己的价值观念赴汤蹈火而在所不辞。物质问题绝对是附属问题。

最根本的原因在别处,在于机器的出现改变了人和世界的关系。

一方面来说,机器创造了以前不曾有的空余时间,我们现在管它叫做娱乐消遣。在这里,女士们、先生们,我想马上对你们说:"我们可不要被这个荒唐的字眼迷惑了。"

我们已经开始使用这个字眼,从建立体育娱乐部门开始,休闲娱乐实际上很像体育运动。问题的所在不是对空余时间的利用——我再次重申是因为空余时间是以前没有的——农耕文明,多少有些宗教的意味,是没有空余时间的:因为这个文明有的是宗教节日。

空余时间，就是现代社会。但我们所称谓的娱乐，也就是说被玩乐所填充的时间，完全是我们所需要的时间，这样就会完全不懂我们面临的问题。当然，人们得玩乐，当然我们玩的东西可能大家都想玩，这样我们就会欣慰。

但是我们的文明向我们所提出来的问题根本不是玩乐问题，而是后来人们寄希望于科学取代宗教的问题，直到那时，生活的意义都是几大宗教所赋予的，而今天，人的意义已经不在了，世界的意义也没有了，如果说文化还有一个意义，那就是人照着镜子看自己，看到自己即将走向死亡的面孔。文化，就是人类叩问自己在地球上的所作所为的时候，那个回答就是文化。至于其他的，只能在其他时间再谈论了：因为生命也会有幕间休息。

另一方面，机器也让我们的梦想色彩斑斓。在这里，我要着重指出，因为人们以物质之名常说机器是旧世界的反面，更通俗地说，就是精神世界的反面。

不过，世界上以前没有过梦工厂，像我们人类的梦工厂，一方面，世界从来没有经历过这样的想象的力量，世界从来没有看到过这种低能的泛滥，另一方面，这个高高在上的东西创造了一个神秘的精神世界，一个瑞典的女演员扮演安娜，一个俄国天才的作品，由一个美国导演执导，让无数的印度和中国儿童潸然泪下。

我们文化的梦幻力量是前所未有的,这产生了我刚才提到的问题。

这些强大的力量带来了制造梦幻的最糟糕的手段,因为梦工厂的产生并不是为了让人类变得更伟大,它只是用来赚钱。不过,对于剧院和电影院的票房最有效的自然是那些触动最深、最有机的元素,毫不隐讳地说,那些人类最可怕的人性,首先便是性、血腥和死亡。

然而,不论是在中国还是在美国,世界上唯一可以与这个黑暗的神秘领域相抗衡的,就是那些战胜黑暗,莫名其妙地幸存下来的镜头。总而言之,唯一和血腥的画面一样有杀伤力的是那些战无不胜、不朽不灭的画面。

女士们,先生们,建立这个文化中心的理由就是今天,面对全世界的、广泛的、能毁灭人类的梦幻力量,它的存在是必不可少的,向所有的人提供一种可能性的抗争,也就是说抵抗人类曾做过的、总是认为有理由的黑暗面。

那些能幸存下来的神秘的力量?说实话,我们也不清楚。我们只是知道这些力量造成的后果——今晚你们会看到《麦克白》上演——但是关于这些神秘的力量产生的原因,人们却不甚了了,顶多我们会说:"一百年前,人们深信人类比他们的梦想更强大,换而言之,是人类创造了梦想。"最深刻的心理学向我们表明,人类往往无限地被梦想所占有,最雄心勃勃的梦想比人类可怜的一生更持久不衰。

在这些条件下,即便那些有机元素也会看起来坚不可摧,因为有机的东西属于人类的精神世界,在有机元素中最有影响力的东西原本属于创造了这些有机元素的那些人,那些面对这个想象的人,有点像在源泉前发现了源泉的地下水勘探者。天才发现了腐蚀人灵魂的东西,而一旦发现了,通常是已经发掘好久了。

我们很难搞清楚为什么安提戈涅的话那么有力量,但我们都知道,在这个舞台上,会有一个女演员对那个将要杀死主人公的人说,"人的规则没什么重要的,因为还有没写出来的规则";那天,她又补充道,"我来到人间不是为了寻求仇恨,而是为了分享爱",这个梳着圣女贞德式样的短发的底比斯公主,对于我们每个人来说,是基督世界最伟大的声音之一,即使基督还没出现。

这个桥段有些东西在人类的心里游荡,是某种坚不可摧的东西,这不可战胜的精气神本身比威胁人类文化的糟粕更浩大,我们要拯救的正是这种战无不胜的精气神。

到底什么是精神世界?自从世界开辟以来,这大概是人类面对诸神所创造的精神世界。人的命运就在那里,生老病死,还有些东西也在那里,那是人和某种超然强大、压垮人类的东西的一种奇怪的结合。总有这样奇异的时刻,半猿半人的物种抬起眼睛,眺望星空,神秘地感觉到自己是星空的兄弟。

那就是我们与之斗争的最根本的东西,如果你们不介意的话,那就是我们的工作。存在了数个世纪的精神世界,大概就是反命运吧,也就是说那是人类最伟大的创造,我们文化的命运,就是与这两个精神世界作斗争:一方面,是让人产生幻觉的机器创造的精神世界,机器产生的无法估计的能量解放了梦想,另一方面,面对面能留存下来的,不是别的东西,而是我以前叫做高尚的世界遗产的东西。

在这个领域,当我以前讲起性和血腥,好像诸神必须得死,当然魔鬼不用死,真正的问题是要知道,一个唤醒魔鬼的文化是否也能同时复活诸神。

被唤醒的这些形态,它们与原始的本能作斗争,也就是说我们要一起做的首先是保护现存的文化,也就是说无论是为了什么褒贬不一的理由,几个世纪的世界遗产对于我们来说是很重要的。然后我们才能去爱护它,正是这样,我在刚刚讲到贝纳勒斯梵语大学时候的言论才有所保留。加艾斯东·皮孔(Gäeston Picon)曾经具体阐述过这个问题。这里的大学是用来传道授业的。我们在这里是为了教会如何去爱。并不是说有人给他解释了《第九交响曲》,他就懂音乐了。也并不是说有人给他讲了维克多·雨果的诗歌,他就懂诗学了。热爱诗歌,就是说,即使一个文盲小伙子,爱上一个女子,有一天听到"当我们两个将来一起以这样的姿势沉睡在让亡灵进行沉思的坟墓中"这样的诗句,他也知道这是一首诗。每次我们用解释代替意会的时候,我们的解释将会是非常有用的,但这也会产生根本的误解。在这里,我们的解释得教会这个城市里的儿童什么是人类的伟大,他们能热爱上什么。所以大学给他们解释什么是人类的历史。但首先得有爱的存在,因为所有的爱的形式都不是在解释中产生的。

当然,我不认为我们在这里都是为了过去的东西。我们在这里首先是为了过去。我们在这里首要的是要停止继续这种让人瞠目结舌的现状,不要继续想当然地认为在漫长的岁月中获得的人类的遗产只是为很少的人服务。但也完全没有必要把我们的行动局限在我们的过去中。

很简单,我们有必要知道我们现在要做的是另一种性质的事情。那么这两种事情是在哪里交汇呢?我一会儿会再说:在你们身上。一个文化中心是由组成的听众来定义的。要是没听众,我们只是创建了一个完全没用的家长式的徒有其表。那么对于我们同代人来说,得怎么做呢?那就是最大限度的自由。这个叫做法国的国家,只有当她眷顾其他的国家时,才是一个伟大的国家。像英国那样的国家,只有当他在伦敦战役中所向披靡的时候,才是一个伟大的英国。我在别的地方曾说过,没有一条欧洲之路上没有共和二年法国士兵的身躯。但那时的那个法国并不是为了她自己。她为的是全人类的福祉。我们现在要尝试去做的,就是尽量保持我们自己的本色,不是为了我们自己受益,而是为了整个人类去奋斗。

这个响应文化的号召,也许有点莫名其妙,但在世界各地引起很大的反响,那是因为号召的不是作古的人,而是苏醒的人,号召的是你们同时代的人,你们同时代的人在这些昔日的大智大勇面前,一定会同心协力,相亲相爱,因为我们并不是为了过去而奋斗,我们是为了未来而奋斗。

有关年轻人,我想再说几句话。

只有上帝才知道我是否相信文化中心会对年轻人有所帮助。但同时我想让大家知道文化中心的建立是为了年轻人,文化中心的建立是为了所有的人。

有些事情在法国是举步维艰的。好像从三十或三十五岁开始,精神文化领域的东西不再属于他们中的任何人。然而,在宗教领域里,在过去,那却是而立之年,开始面对死亡。路易十四那些鲜艳夺目的情妇们,我们看到她们最后都在修道院里郁郁而终,没有人强迫她们。那么,精神文化领域,一劳永逸地说,如果年轻人时常光顾文化中心的话该有多好,我们号召年轻人常去,因为年轻人,比其他任何人,更能为精神文化服务。但归根结底,到底是年轻人为精神文化服务还是精神文化为年轻人服务。

所有的这一切,我们见得多了。我们正在尝试去做。你们像我一样都知道这个有名的例子,以前法国曾完备地打造了建设装甲师所需要的设施,后来装甲师就建成了,但不是在法国建成,文化中心——既然现在由我们在世界上牵头开展,应该继续建设下去。

我们无法声称会给所有的人提供机会,我们对此表示遗憾,但我们正式宣称会把自己的机会给所有的人。我们不会忘记,为了全法国都能像这里一样,我们需要投入三百亿法郎,教育部的预算是一千七百个亿。因此,改变法国,把法国建设成我们想要的法国是绝对可能的。

那为了得到什么呢?为了让这个神秘的能让人嬗变的领域能让所有的人都能涉足;我想说:我们举一些形势最严峻的国家为例,亚述帝国的残暴,当我们面对他们的艺术,我们会意识到当人们逝去的时候,他们身上丑恶的东西也一并消失殆尽了,通过艺术的传播,留下来只是那些伟大的东西。

我讲的是亚述帝国的残暴。在人类的记忆中,它就是让人激动不已的野兽画,它就是浮雕作品《受伤的母狮》。如果明天,只剩下焚尸炉的艺术,那么留给后人的只会是那些烈士,而不是刽子手。

　　这就是艺术最伟大的地方。我们要捍卫的,并不是拥有画卷或一些好听或不好听的歌曲,而是人类最深刻的嬗变,总是以摒弃刽子手,弘扬烈士为收场。

　　现在,女士们、先生们,我让你们响应的就是这个;不论是在国家的基建上,还是城里的其他地方,都没有,也不会有文化中心;文化中心,就是你们。这关系到你们是否想要这样做。如果你们想要这样做的话,我对你们说,你们在做的是法国大地上最美妙的事情,因为从十年前的那个时候起,粗鄙这个乡下词就已不再继续在法国存在。

未发表过的文稿

V

毫不松懈地介入:70 年代

1969年4月27日,法国人对戴高乐通过公民投票提出来的两个问题说"不"。"自由法国"的前领袖当晚就辞职了。安德烈·马尔罗紧随其后不久也退休了,六月份,在乔治·蓬皮杜当选为法国总统之后,他不再在雅克·沙邦-戴尔马①组阁的政府中任职。他将要去旅行,去写别的方面的书——《反回忆录》第一章中那些让人眼花缭乱的数据和信息,但这并不是说他不再关注周围的世界……

马尔罗在抵抗运动的纪念活动中尽量不在公众面前抛头露面。他发表了三个重要讲话,再现了那些坚决说"不"的信徒们引领的二战斗争。1972年5月13日,他在多尔多涅省

---

① Jacques Chaban-Delmas,1915—2000年,法国政治家、国防部长、国民议会议长、总理。——译注

的杜雷达尔(Duresdal)发表讲话以纪念这个地区的游击队。1973年9月2日,他为吉利奥利(Gilioli)塑造的用以纪念萨瓦省的抵抗运动分子的大白鸟剪彩。他给在流放中被解救的沙特尔妇女发表讲话。1975年11月23日,他也曾发表讲话纪念戴高乐将军逝世五周年,1976年在国民议会做了一次报告。他不想再介入政治,在这段生涯中,他在政治领域只有一次简短的涉足。这次涉足政坛指的是在进行总统大选之时,他曾在媒体上讲话,捍卫学校中视听材料的使用。

他的余生主要是进行艺术创作。直到1976年他逝世的那一年,他仍笔耕不辍、著书立说。1971年,他发表了《被砍伐的橡树》(*Les Chênes qu'on abat ...*),讲的是与戴高乐将军的最后一次会面,涉及他们的私交关系。同一年又出版了《悼词》,是1958年到1964年间发表的八部重要讲话合集。1974年出版了从毕加索那里获得灵感的《黑曜岩》(*La tête d'obsidienne*),然后是有关艺术的一本著作《虚构》(*Iréel*),再后来是《拉扎尔》(*Lazare*),讲述他在医院死而复活的体验;1975年,他给公众呈献了《临时东道主》(*Hôtes de passage*)这本书,1976年,出版了《永恒》(*L'Intemporel*)。1977年,死后出版了《短暂的人类与文学》(*L'Homme précaire et la littérature*)和《超自然》(*Le Surnaturel*)(《永恒》续集)。

1973年9月2日在上萨瓦省的格里耶尔高地(plateau des Glières)的发言
吉利奥利创作的萨瓦地区抵抗运动纪念雕塑落成仪式

我以上萨瓦省(Haute-Savoie)的抵抗运动分子协会的名义和解放协会的名义发言,以此来缅怀戴高乐,为那些幸存下来的人和逝去的人的孩子们发言。

当汤姆·莫雷尔①被杀害的时候,格里耶尔高原游击队要么被消灭了,要么零星地分散在各地,没什么动静。第一批倒下的法国游击队是因为几乎手无寸铁地与德国部队作战——不再是在我们的夜战中,而是在晃眼的白雪上。这个不声不响让所有那些还爱我们的人,从加拿大一直到拉丁美洲,从希腊、伊朗一直到太平洋诸岛,都认为噤若寒蝉的法国至少找到她自己的某个声音,因为她重新找到了死亡的声音。

---

① Tom Morel,1915—1944年,法国职业军官、抵抗运动成员。——译注

格里耶尔的历史既伟大又简单,我只是在讲述它的历史。但是那时还没出生的人——从那之后,有几百万儿童出生啊——应该知道格里耶尔的历史并不主要是斗争史。在格里耶尔这个地方响起的第一个声音不是爆炸声。如果说我们的人在迷雾的光波中听到了爆炸声,那是因为他们在那里听到了人类最古老的语言之一,毅力、牺牲和鲜血之语。

在古希腊军事上的德摩比利之战①有什么重要的呢。但是在希腊那三百名牺牲者身上,希腊又找到了它的灵魂,在几个世纪中,最有名的铭文是重新归于沉寂的高山的铭文,那些高山和这里的很像:"去吧,告诉斯巴达城,那些在这里倒下的人是根据法则而死。"

去吧,去告诉法国,那些在这里倒下的人是随心而死。我们的同志们,就像所有的志愿者一样,从比尔哈克姆一直到科尔玛,就像法国所有武装起来、小米加步枪的战士一样,他们给我们讲述他们的荣辱与共,因为他们是你们的见证者和目击人。

今天,我们不知道那时一切都是从一个神秘的神话开始的。格里耶尔高原不太为众人熟知;路途险恶,这也是游击队选择这个据点的原因。当我们的游击战犹酣之时,这个游击

---

① 即温泉关战役。——译注

队——不论是对还是错,都已不重要:法国不会选择坐等灭亡——早已和希特勒的军队直接正面交锋了。几乎每一天,伦敦的电台都这样广播:"欧洲有三个国家在抵抗:希腊、南斯拉夫、上萨瓦省。"上萨瓦省指的就是格里耶尔。对于这一大批分散在各个角落、听到自由世界声音的游击队员来说,这个水深火热的高原如同巴尔干半岛一样。对于积雪深处的加拿大农场主们来说,法国又复活了片刻,因为萨瓦抵抗运动成员已经到了格里耶尔。

达尔南[①]领导的民兵部队、意大利部队、意大利墨索里尼的秘密警察,都不足以消灭这些经常开展分散行动的战士们。希特勒派来了盖世太保对抗我们,盖世太保让我们压力陡增,但不足以压倒我们。

1944 年 1 月,安省的游击队遭遇三个分队的纠缠。上萨瓦省的游击队员收到中尉汤姆·莫雷尔在此集合的命令,他曾在 1940 年因阿尔卑斯山战区的一次辉煌的武装斗争被授予勋章。北上开始了。也开始了两军的短暂交火。2 月 13 日,英国国际广播电台解码的信息宣布了第一批空投的开始。

夜幕降临。阵地,可怜的阵地,被五个电筒和照明灯照得

---

① Aimé-Joseph Darnand,1897—1945 年,是法国反抵抗运动的合作分子。——译注

通亮。人们没有听到飞机的声音,什么声音都没有听到。直到后来安纳西空袭的警笛声渐渐划破夜空。好的预兆:飞机要飞来了。坏的预兆:他们被发现了。人们又点燃了事先准备好的松树柴火堆。然后是发动机的声音。第一架飞机,几乎看不到,飞机的灯光一闪一闪的。这些声音又远离了。划破夜空的开战前的警笛声时高时低。敌人还没来,是自己人。在黑色的夜幕下,四十五个降落伞被地面的灯火照得通红。

没有重武器。

真倒霉。短暂的交火又开始了。3月9日,一百个格里耶尔人前往昂特蒙(Entremont)去解救被关押的人。他们长途跋涉,走了两个半小时的下坡路,到达了那个关押的村庄,一犬吠形,百犬吠声。村庄被攻破了,被关押的人解救出来了,四十七个卫兵反倒成为了囚犯,拉着一大堆武器装备上山。他们拉着汤姆·莫雷尔的尸体,他被俘虏的守卫指挥官枪杀了,因为他把手枪留给了对方。

游击队员掩埋了他们的首领。然后听到山谷里所有教堂的丧钟都敲响了,如同夜里空投时那嘈杂的警笛声。这儿,队旗在狂风大雪中嘎嘎作响,在这块汤姆·莫雷尔称作"法国第一个重新获得自由的地方"。

"不"这个坚决对抗的字眼,具有一种神秘的力量,影响深远。人类历史上所有那些高尚伟大的形象都对凯撒说"不"。

悲剧的普罗米修斯在人类的记忆中曾向诸神说"不"。6月18日,抵抗运动在向侵略者说"不"的号召鼓舞下团结一致,顽强抵抗。一个生死攸关的夜晚,那些在格里耶利奋战的陌生的身影,他们就是坚决说"不"的那些人,那个躲在暗处,匍匐在地面的游击队说出的"不"字足以让在第一夜伤亡的那个可怜的小伙子成为贞德和安提戈涅的同伴……而奴才才总是唯唯诺诺地说"是"。

维希的守卫军为了解救他们自己人,在南部圣母院那一边进行攻击,后来被击退了。当英国国际广播电台转发下面这条消息的时候战斗才接近尾声:"这个小人摔碎了瓶子。"子夜前,三十个四引擎飞机空投了九十吨的物资。

当一架德国飞机飞来侦查的时候,一望无际的白雪中还散落着一些彩色的降落伞,还没来得及拾取。第二天,三架亨克尔飞机(Heinkel)肆意疯狂地轰炸这个无辜的高原。一无所获。除了这一点:德国那边从此意识到游击队没有配备防空武器。于是五天之后,德国派来了斯图卡轰炸机(Stukas)和容克斯轰炸机(Junkers)。山区的木屋变成了一堆堆火焰。安若首长(Maurice Anjot,职业军官、抵抗运动成员——译者注)接替汤姆·莫雷尔成为格里耶尔的指挥官。守卫军再次袭击,又再次被击退。

23日,大规模轰炸。德军指挥。来自纳粹德国国防军

(Wehrmacht)的一个阿尔卑斯分队到达了安纳西。德国的警察,即维希的保安队,目睹了两个空军飞行小队的歼击机和轰炸机。还有炮兵队、装甲车。

对面是游击队,伦敦电台紧锣密鼓地报道他们的战况。在这么多收听电台的法国人中,没有一个人知道这个游击队是个幽灵部队,一共才不到五百个战士。

等待他们的武器装备只有轻武器:对抗德国的炮火和装甲车,没有一架坦克,没有一个反坦克火箭筒。没有弹药补给。

包围他们的是两万敌兵。

人民的第一场夜战打响了。

让我们来听一下当时的德国新闻速递:

24日:恐怖分子炸毁了德国在安纳西前面的增援火车。——保安队在昂特蒙上空袭击。——西班牙哨兵被射杀——恐怖团伙与之汇合。——保安队作战了两个小时。停火。——保安队在后方重新整编。

25日:准备空中炮火和轰炸。

26日:保安队在西部和西北部袭击。整编。——德军在北部的袭击停止,派遣飞机。——我们的迫击炮就位。——保安队袭击,保留后备部队:在西部的袭击已有五个小时了。——总袭击11个小时。

实际上,他们从各个方位进行袭击。

昂特蒙山沟的前哨——十八个人——被两个营队袭击。两个增援排抵达山沟。第一把机枪卡住了。第二把机枪被捣毁了,机枪手被射杀。其中的一个排长,叫巴拉杰(Baratier),感觉好像是他一个人在射击:他不知道只剩下他一个人了。他按部就班地边撤退边抵抗,在后坡被击毙。他保卫了山沟一个半小时。

在中部奋战的游击队员很快就得到了补给,在坚持着。敌人怎么在雪里消失了?十分钟后斯图卡轰炸机开始了不间断的轰炸,轰炸的密度就像犁地的耙一样。夜幕要降临了。安若首长在莫雷尔和德古尔(Decours)的坟墓前战斗。飞机飞走了,取而代之的是炮兵密集的弹雨。天黑了。

27日早晨,东部的德国部队突击游击队的指挥中心,开始交火,对面是德军的叫喊声,是他们西部的队友。

游击队员都不见了。

他们对这块地方了如指掌,但德军却不熟悉这块土地。安若把排长们召集在一起,他们决定先撤出来。

就在所有的抵抗运动竖耳听着,等待着最坏的消息的时候,幽灵般的连锁行动穿越了突击部队的薄弱环节。他们得以抵达山谷的居住区,那里有他们的南方战友,会给他们提供躲藏的地方。

天亮了。

正是在那时,皑皑白雪暴露了一切。

这些难抓的幽灵,德军只见过他们发出的子弹或者他们的尸体,和夜晚一起消失了。"黎明的曙光驱散了幽灵,"西班牙的一个谚语如是说,一个埃布罗河的保安队员曾对安若首长引用过。哎呀,这些幽灵啊,变成了雪地上的足迹。德军搜寻躲藏在山里最重要的游击队,他们以为是和成千上万的对手在打仗。但不论人多人少,这些足迹引向游击队员逃跑的地方,敌军占领了山坡。第二天,安若首长与另外六个和他一起战斗的西班牙人被打死。这些幽灵的史诗,就是那一天在各村庄里仅存的一百二十一具尸体,有的是被当场枪杀,有的是被折磨而死。"再去审问那些受伤的人是没用的,盖世太保发来电传,这些剩余的残骸空空如也。"

镇压的时间到了,被怀疑和游击队员有接触的农民们要么被处死,要么被流放,夜晚,那些小村庄格外醒目,山区的小木屋在火光中熊熊燃烧。

不过,如果说被严刑拷打的人形如残骸,抵抗运动还不至于如此。第一个首领牺牲了;逃出来的人组织起另外的游击队,越来越多的年轻人加入其中。德军的战区主力被叫到诺曼底作战。5月1日,离这儿最近的游击队员回到高原进行操练演习,在那里他们发现了散落在被炮火烧毁的小木屋之间、被空投下来的生锈的气缸。7月14日,他们成纵队穿过托讷①。8月1日,卡车拉来了秘密部队的一千五百个士兵和四百个"自由射手"游击队队员(FTP)。十一点钟,美国的轰炸机"空中堡垒"(Forteresses volantes)进行最后一次空投,终于送来了重武器。

游击队员艰苦的阶段过去了!的确,一个立在那里的坦克就是一个可怕的怪兽;但是对于坦克来说,看不见的反坦克火箭筒就是一个躲在暗处的怪兽。是反坦克火箭筒,而不是冲锋枪让这些名副其实的游击队变成一个强大的军事力量。一辆坦克比一个连的冲锋枪还厉害,但不比火箭弹厉害。

13日,敌人的装甲车攻打游击队打了三天,后来爆炸了。19日,当电台宣布巴黎开始了全面起义,奥伯格将军(Oberg)在指挥格里耶利袭击之后的五个月里,每天都会给抵抗运动的军事总指挥倪子耶(Nizier)首长送去他所辖部队的投降书。

于是,在所有的苦役犯监狱,从黑森林一直到波罗的海,那些被流放幸存下来的人从他们那打颤的双腿上站起来。集中营里的实验要把他们变成奴隶,因为他们有的时候也是英

---

① Thônes,上萨瓦省的一个市镇。——译注

雄,这些微不足道的被铲除、被勾销的人们,是我们的人民!即使还没有被解救,还要面对死亡的威胁,即使预感再也无法重见法国,他们也会带着一颗征服者的灵魂来到九泉之下。

现在,吉利奥利的大白鸟在这里扎根栖息。它煽动着希望的翅膀,它那在斗争中折翼的翅膀;在翅膀之间,是升起的太阳。雕刻引人沉思,展开的翅膀是张开的双臂,用它那拍打翅膀的声音向我们诉说,让人不禁联想到对古埃及寝陵的叩问:另一个世界的声音在说些什么,如群蜂嗡嗡……这些声音在说:

"我们被折磨得奄奄一息,盖世太保说过,把他们送到集中营是徒劳的,因为他们形同残骸。"

在这里倒下的西班牙人还在回想着埃布罗河战场,回想着被革命清空了的贫苦大众抵押家当的典当行。

法国人打完战斗后就和他们在马其诺防线会合了,直到最后一天。

村庄里的人们,没有他们,就不会有游击队,就不会有游击队的后续力量;村庄里的人们,为他们敲响了丧钟;村庄里的人们,被纳粹分子流放了;村庄里的人们,在镇压期间,被嘻笑着的纳粹分子用冲锋枪顶着跑,被赶走。

我们各自的名字没什么重要的,没有人会知道。在这里,我们的名字叫法国。当我们是西班牙人的时候,我们的名字叫埃布罗河,是我们最后一次战役的名字。

我是缝纫用品商老板娘,因为为我们的人提供藏身的地方而被敌军杀害。

我是农场女主人,我的儿子再也没有回来。

我们是孕育生命的妇女,即使自己的生命受到威胁。

我们是那些老妇人,给你们指出正确的道路,而给敌人故意指错路。

就像几个世纪以来我们曾做过的那样。

我们是那些给你们带来些许食物的女人;我们的食物也不多了。

就像几个世纪以来那样。

我们不能做什么大事;但我们做得已经足够多了,最终成为集中营里的老妇人,满头白发被剃光的老妇人。

不论是不是圣女贞德,是不是圣母玛丽亚,我就是纪念雕刻里面荫护的雕像,再也没有从拉文斯布吕克集中营回来的一个老妇人。

莫雷尔、安若和所有在下面墓地里安葬的我们的人,那些不认识你们墓地的人们都在向我走来。他们啜嚅着,喃喃自语地道出他们对你们的敬爱。

我,我知道,因为死亡很熟悉这长达几个世纪的窃窃私语。很久以前,死亡就亲眼目睹那些惨死者和老妇人被埋葬。

安若！很久以前,死亡就听到过鸟儿们为森林里奄奄一息的战士们低鸣哀歌;他们曾在共和二年的士兵们的躯体上哀鸣。莫雷尔！很久以前,在肃杀的冬天里,死亡曾见过黑压压的人群跟在你的灵柩后面。从冰河融化以来,你们其他人的名字已经找不到了,死亡看见雪地上的脚印消失了,那些暴露行踪导致你们被杀害的脚印。死亡知道那些死者对它说的话,那些总在他们的母亲祈祷时才说的对话,还有那些什么也不说的人。死亡知道他们终有一天会听到山谷里教堂的丧钟为他们敲响,绵绵不绝,经久不息。

"你们还能想起我们,曾经是格里耶利高地的人……"

他们什么也没有说,他们会这样想:

"晚安……安息……在崇山峻岭的巍峨守护下沉睡吧。这些高山不会在意人来人往。但是那些将要在这里生活的人,你们会教育他们,高山的巍峨不会压过我们抛洒的最虔诚的满腔热血,因为这是一腔亲如手足的鲜血。

"那么就和我一起来吧,格里耶利高地的那些人。

"在这个回不去的夜晚,你们当中最后逝去的人,他那饱受折磨的双手,会在我被剃光的头上,抚摸我曾长着白发的地方。"

《世界报》,1973 年 9 月 4 日

1975年5月10日在沙特尔的发言

致在流放中幸存的妇女,她们欢聚一堂,庆祝集中营解放三十周年

严寒肆虐着被关押的女囚,如同警犬的啃噬,波罗的海像灌了铅一样定在那里,苦难深深。在一望无际的皑皑白雪中,散落其中的所有的痕迹都被勾销划掉,希望灰飞烟灭。现在只剩下你们,手握死亡之风吹过的尘土。我希望这里的人,今晚将和我们一起的这些人,一起缅怀你们周围被绞死、被腰斩,被集中营里的生活迫害至死的那些顽强抵抗的妇女。生命啊!拉文斯布吕克,八千名被迫害的政治女囚。她们的双眼在阴森恐怖的黑夜里合上了!法国历史上从来没有过这么多的女性投入到战斗中。

从未在这样恶劣的环境中挣扎。

我翻开了苦难的一页。我们不能让此再次上演,也不能沉溺于这些让人心惊胆战的苦劳役,这些人类历史上最惨

无人道的行径中不能自拔。"把他们当作泥土来对待,从理论上说,他们就会变成泥土。"这就是为什么野兽般的行径游离于人性伦理之外,多么讽刺啊。"您会弹钢琴吗?"在被拘押的女囚要填的表格中有这样的问题,可以选火葬工种或者填土工种。还有那些医生,问那些咳血的、饱受折磨的病人:"您的家庭里有人得过结核病吗?"还有挨打能力体检证明。被命名为"自由之路"的营地街。在队伍里开玩笑的那些女囚要蒙受惩罚,朗读惩罚条款,被关押的女囚立正站在那里,脸上的泪水默默地淌了下来。被抓住的女逃犯身上带着一个标语牌——"我回来了"。建造第二批焚尸炉。他们为了把女囚变成野兽,会给她们带上无法摆脱的、恐怖的精神错乱者才佩戴的锁链,"关闭在疯人囚犯监牢里一周"。

起床的号声,毫不容情地送来了囚奴。

80%的女囚都死了。

集中营里的所作所为,我们从1943年开始有所听闻。所有的抵抗运动女性成员,仅仅是因为给我们提供了藏身之地就被流放,她们当时心里很清楚,她们冒着比遭受苦劳役更甚的危险。我说过从来没有过这么多的妇女在法国投入战斗;没有任何其他地方,从古罗马的迫害以来,这么多的妇女敢于冒着受尽折磨的危险。

把女人的抵抗运动变成一个广泛的提供服务的支援活

动,从间谍到护士,她们掩人耳目,不由自主地投入战斗之中。抵抗运动女性成员是这个可怕游戏的参与者。她们是战士,并不是因为她们手里拿着武器(有的时候她们也拿起武器);而是因为她们是面临生死存亡的志愿者。不是为发出声音而战,而是为死亡而战。

胜利在两场不同的战争中画上了句号。其中一场战争和人类一样古老,而另一场战争史无前例。军队对抗敌人屡见不鲜,而女性积极参战则千古罕有,尤其是对手是敌方的军队。女性的抵抗运动从我们这一时代开始,盖世太保也是。军警并不是首次出现,但是这场战争并不是军警带领的。军警的女俘虏并不是专门被押送到军营。政治警察既狂热又卑鄙,以此来对抗敌对的政治势力,这引起的不是战士的敌视,而是满腔的仇恨,对手对他们来说是无耻至极的;这就同时牵涉到非人的折磨和集中营世界。对于所有那些触及盖世太保的人,这些"法国荡妇"杀害了德国士兵。军营就是敌人;集中营根本就不是从军营衍生出来的。惨无人道的技术手段,把垂死的女囚和疯子关在一起,没有什么比这更残忍的了,对于大多数被流放的人来说,这些手段简直不可理喻,因为一旦刑讯结束了,这些手段就不再有明确的行为对象。

"埃德蒙·米什莱①对我说,在集中营里,那些人都问我为什么纳粹糟蹋他们的劳动力。"那些不是劳动力,而是绝对的罪恶,人所窥见到的人的罪恶,让人不寒而栗的罪恶。一定不能饶恕那些女囚。完美的集中营是儿童集中营。由于缺乏安置和调整,人们常常把他们和他们的父母一起杀害。丧失人性,令人发指,这既像谜团一样让人费解,又让人毛骨悚然,就像困在章鱼和怪兽的身体里一样。理想的刽子手是让等待宰割的羔羊因为极度恐惧而自己上吊自杀。这就是为什么被关押的女囚让像她们一样沦为女囚的修女,给她们讲讲耶稣受难。但丁的文字,多么平庸啊!而这才是人类第一次给地狱的教训。

筛选并对被关押的犯人进行选择性地施虐,这简直是丧心病狂!偶然仅仅是一个简单粗暴的说辞。我怀疑纳粹建立集中营是为了制造恐怖;因为很长时间以来他们都保守这个秘密。集中营机器是纽伦堡节日的麻醉剂吗?而盖世太保是脱不了干系的,如果不能理解在坦克的轰隆声之外,静默战争就是妇女反抗盖世太保的话,那我们也很难理解今天的集会。她们的军队是红十字会。在抵抗运动中,她们好像放弃了自古以

---

① Edmont Michelet, 1899—1970年,法国政治家,1969年代马尔罗接任文化部长。——译注

来妇女应受的保护。她们通过遭受肉体的酷刑走进了战争。

在集中营里,最后的反抗可能是最不为人所知的。这些要把你们果断地消灭的纳粹分子,没有杀害你们;很可能是来不及了。但那时为了活下来每天都要有顽强活下来的意志。你们发现活下来的意志是那么高贵,那么隐晦。手无寸铁,非人的环境,你们只能继续活下去来证明你们自己。你们活下来了。

戴高乐将军在北站等待第一列运载着那些骨瘦如柴的幸存者的列车。

仅仅把被流放的人局限于地下联络人、有组织的抵抗运动是有失偏颇的。多少你们的同伴不由自主地加入我们的行列或者给我们提供藏身的地方,冒着和我们一样的风险,而她们心里很清楚这些代价!你们与这些因为遭受同样的痛苦而聚拢在一起的妇女分不开。你们代表着所有那些不隶属于任何一个抵抗组织,但团结一致的抵抗成员。从空中坠落下来的飞行员在他们看到的第一个农场里躲避。和我一起受伤的英国队友被一个个村庄接力运走,直到找到我们的人。我们为了法国曾一起同心协力。并不是整个法国?不是。而是忍无可忍、怒发冲冠的法国。

农场主经常是农妇。这就是为什么你们的象征价值是如此伟大。一边是电网、警犬、盖世太保,以及焚尸炉里冒出的消失在云雾中的浓烟,丧心病狂,置人于死地。另一边是所有那些擦肩而过本来能成为你们这些活着回来的人中的一员,但我们再也没有看到过的女囚;那些在阴森的黑夜中,在你们周围,你们曾见证过的被流放的女囚。

与我们相邻的抵抗组织的电报机被安放在一个打字员家里,是我们一个战友的姑姑。他想要是她在自己家里敲字,敲字的声音有可能会引来敌人。他问她是否同意他把电报机带过来。她耸起肩膀回答说:"当然可以……"

她不隶属于任何组织。她爱他的侄子,和别人一样。她只是说了一句:"纳粹分子,我不想要。"她知道她要冒的风险,那是1943年末。

侄子被枪杀了,姑姑从拉文斯布吕克集中营回来了,只有三十四公斤。我很惊讶她不相信自己完成了一个英雄壮举。她不屑言语。在拉文斯布吕克,她一定会想:我,我从来没有这样幸运,死里逃生……

我们身处抵抗运动最简单的领域,也许是最深刻的。今天我们知道,在我们当中的许多人心中,不论是男是女,祖国曾像一潭死水一样在沉睡。命运让她今天来到这里或者让她今晚坐在电视机前——惊讶地听到人们在沙特尔大教堂的国王大门前讲她的故事,这些作古的国王曾见过圣路易。国王大门啊,八百年来敲打着祖国的魂灵,我刚才给你讲的是法国最朴实的事迹。我会再讲述另一个,在黑暗中受尽煎熬的我们的女伴们大概会更倾向转述她们自己的亲身经历。

在队伍里,被关押的女囚们正在听一个恐吓她们的讲话。集中营营长终于讲完了,阿尔萨斯的翻译把所有的讲话内容翻译成一句话:"他说我们只能死着从这里出去。"人群中发出令人震惊的喜悦。当翻译在说出那句话的时候,女囚们在队伍中交头接耳传递着这样一个信息:盟军到了。

"于是,在所有的苦役犯监狱里,从黑森林直到波罗的海,那些行将就木的还活着的影子都从他们那颤巍巍的双腿上站立起来。集中营里的实验要把她们改造成奴隶,因为她们常常是杀鸡儆猴的例子,微不足道,是要被铲除、划掉的人民,我们的人民!她们还没有被解救出来,仍然面临着死亡的威胁,她们感到即使自己再也看不到法国,她们会带着一颗征服者的心走向死亡。"

不论是不是信徒,你们都知道这个众所周知的凄凉的经文,因为到处都是痛苦,为了所有的人而念诵这个经文:圣母颂歌……站立着的悲恸的圣母……在教堂的小地下室,在历经几个世纪风雨沧桑的管风琴里演奏出来的圣主日赞美歌声中,闭着眼睛的法国在静静地等着你们。你们当中那个我们记不太清、身无分文的女人,那个我讲过的女人,如果她还活着的话,让她靠过来听听最伟大的人物的喃喃低语:

听,我周围一大批亡灵在黑暗中沙沙作响。我没有抛弃她们。圣弗朗索瓦曾对在阿西西①乞讨的女人说过:"在你可怜的脸庞上,我仿佛能拥抱全世界的贫穷……"

在你的脸上,我,法国,我拥抱所有的集中营里的姐妹。我很了解囚犯,我曾经也是。她们的自由随着天亮而消失,因为集中营在夜晚重来。她们说:"不要让狗进来,因为狗咬人。"

我也像你一样,认识那些说过她们从来没有想到我们的妇女。没有向任何人说过什么。现在,几个世纪了,我们明白了。一个民族的高尚是什么造就的呢?是那些给了这个民族高尚的那些妇女。

有八千人来到大教堂,这简直是神奇的象征,在你那饱经沧桑的脸上,看到了从集中营里再也没有走出来的那八千个女囚。在这个曾经加冕过这么多被人遗忘的王国的大教堂里,她们和你一起来接受这份勇气的加冕礼。拯救的呼声,洗掉了耻辱,向着人类的子孙后代,可能也向着那个拯救过你的那位妇女的孙女,吹来了我们的可怜的人民对杜·盖克兰②

---

① Assise,意大利一个古镇,建在山上的中世纪城市,是方济各会的创始人圣方济各的出生地。——译注

② Bertrand Du Guesclin,1320—1380年,法国民族英雄,被称为布列塔尼之鹰,英法百年战争初期杰出的军事领袖,从1370年到去世一直任法国骑士统帅。——译注

说过的话,杜·盖克兰是唯一一个活在她们心中的陆军统帅。从前的生机勃勃到后来的满目疮痍,法国的苦难是那被剃光头发的头颅。"在法国,没有一个纺纱女工不是为了支付你的赎金而纺纱。"①

《世界报》,1975年5月11—12日

---

① 盖克兰在战役中曾被敌方俘虏,查理五世为了解救他出来,付了高昂的赎金。——译注

1975年11月23日在戴高乐学院的讲话,纪念戴高乐将军逝世五周年

在这五周年纪念日里,我悲伤而骄傲地向在法国的斗争中,在我们的斗争中涌现的这个伟大形象致意,让我们在今天一起来缅怀他。

起初,他既不是以外国军团团长,也不是以流亡中的政府首脑身份来回应贝当元帅。后者的讲话中没有任何救国之意。将军说法国曾经身经百战,那是法国第一次讲话,以另外一种隐喻的形式,我们都听到了。法国没有输掉战争?这不太合乎逻辑,我们那时听到的是:"你们听我说,因为如果你们听到我讲话,那是因为我还活着。"

意识形态在我们的革命中起着这么大的作用,以至于在我们看来,理论家是某个学说的创作者,而不是学说本身的化身。圣茹斯特并不在意制度的实施;他真正的学说是"公众的

救赎"……

戴高乐将军提出"公众的救赎"原则。那些没能理解他的人把他看作传统的爱国主义的捍卫者。那些理解他的人会很吃惊。法国很少有雅利安人的腔调。在这样一个经常把爱国主义和沙文主义混淆的国度,他的爱国主义忽视了沙文主义。为什么那么多的法国人把我们最深刻的演变,即爱国主义的演变,看作一种连续性的演变?一百五十年以来,不仅仅是在法国,我们管这个叫做民族优越感。国际主义,和平主义,反对的是与地区利益相挂钩的地方主义,反对的更是民族主义。失望的、尚未定型的国家为了消失的民俗和曾经的荣耀含糊不清地发出忍耐的号召。将军所说的事实上的爱国主义只建立在自由基础之上:德国人的广场在柏林,不是在巴黎。他是反法西斯的,我们的联盟不是这样的。自由的法国人继续战斗(比尔哈克姆战役给他带来出乎意料的象征意义),他从第一天起就宣告这盘棋还没下完。法国自以为还活着,叫喊着不行了,可法国却已经不在了:正是法国有了这个强大的意识,这个很久以来把法国人第一次团结起来的意识,他才讲话进行回应。他的法国不是厄比纳尔铜版画里的美好形象,在他们失去自己的法国的时候,他们才发现法国不再是他们的法国了。他审时度势,慷慨陈词,当大家都心知肚明、缄默不语的时候,他向祖国说出了最简洁的爱的格式:**你对来我说是必要的。**

"自由法国"聚拢了他归顺到这个让人心酸的法国身边的那些人。他号召他们以他们将要一起孕育的孩子的名义嫁给法国;和他们一起,诧异的法国人听到法国承认自己不能生育。他们什么都想要,既想要戴高乐,也想要没有锡格马林根县①的贝当,尤为甚的是他们越是什么都没有就越是贪婪。传说中这个团结博爱的过去,把圣女贞德和专制的、国家的国民公会混为一谈。勒克莱尔的化名是1792年的志愿者,还是里沃利(Rivoli)骑士?你们是否还记得在战争接近尾声的时候,第二装甲部队②对戴高乐主义的诠释比任何一篇学说文章都好?我们错了,我们忘记了吉罗将军(Giraud)的讲话,他笃定地说一个其打字员手上涂着指甲油的民族只会走向溃败。没有什么比这更能突显戴高乐当时所做的事情——怎样协调抵抗运动和伦敦的统一以便轰轰烈烈地解放法国。后来,对萦绕在他脑际的谋求统一的念头不屑一顾的那些人忘记了这个念头曾净化过他们的爱国主义。

---

① 德国巴登-符腾堡州的一个县,隶属于蒂宾根行政区。——译注
② 勒克莱尔领导下的。——译注

他敢于把隆美尔①的节节胜利、在雅典卫城上的希特勒的旗帜、俄罗斯的溃败，称作达喀尔的一波三折。他对历史的关注、对政治的不屑，他那视死如归的信心，他从第一天起就坚决说"不"的呼声，在民族反抗的历史上久久回荡，还有他那看不到面孔的呼唤，所有这一切，应运而生，使得这个呼声成为了法国的呼声。信心并不是一种纯理性的情感。安提戈涅和普罗米修斯的宁死不屈也不是。它表达的不是一种看法，它同时要承担痛苦和希望。"比人类的法律更具约束性也更高尚……"索福克勒斯如是说。将军号召的是将来显而易见的事情，比现在"更具约束性、更高尚"。不理解他的最稳妥的方法就是把他看作另一个勒克莱尔，因为人们期待一个英雄式的装甲部部长。他的口碑取代了反动的将军形象，之后又取代了这个被期待的英雄形象。这可不是唾手可得的，因为他得建立起他自己的传统。他没有亲自指挥"自由法国"的任何部队力量。他所说的并不确切，因为发生的事件证明了这一点：他成了戴高乐，因为他坚持这种语言论调。

"历史只能在伦敦被遗忘，我欢迎大家。""形成一个统一的抵抗力量"对于戴高乐将军来说是"祖国"之外最沉重的字

---

① Erwin Rommel，纳粹德国陆军元帅、军事家。由于在第二次世界大战的北非战场中，军事行动迅速、风格果断，能以少胜多，遂获"沙漠之狐"的称号。——译注

眼之一。在马克思之前,人们总是宣扬的这个词涵盖的只是幻觉或欺诈。人们是怎样说服了这个五年期间风风雨雨中努力践行自己言论的人啊——并不总是徒劳无功……最值得努力的目标是人们还没达到的那些目标。谋求统一的想法,就像社会公平的想法一样;但仅此而已,别无他求。对于将军的敌人来说,"形成一个统一的抵抗力量"的想法本身就是乌托邦式的空想;对于他自己的敌人们来说,社会主义就是列宁登上了历史的舞台。对于每个人来说,乌托邦就是他的对手们所期待的模式。

德国士兵在农场的院子里叫嚣着打碎俘虏的枪托。整个国家被着火的储物仓里冒出的宣告世界末日的烟火推向了南方。法国萎靡不振,成了自己的寡妇,来自伦敦的呼唤:"我邀请大家都在我这里会合,不论有无弹药武器……"他们的武器!在卡顿公园(Carlton Gardens)的坦诚相见、和卡森主席①在他充当办公桌的饭桌前的对话:"我的将军,我们显然不是一个军团,我们是法国的军队吗?""我们就是法国。"在下面,是参岛(île de Sein)的水手和第一批美拉尼西亚志愿者。但是当德军抵达参岛的时候,他们没有发现一个人影。

---

① René Cassin,1887—1976年,法国政治家,曾获1968年诺贝尔和平奖。——译注

法国的梅尔斯科比尔舰队(Mersel-Kébir)被英军击没。"至于'自由法国'的法国人,他们做了一个一劳永逸的艰难决定:拼死一战。"

在利比亚泥沙俱下、汹涌澎湃的浪尖上,好像一艘沉船在海上发出微光,比尔哈克姆①,那里有法国人和德国人,终于打完了仗。

第一个"自由法国"的法国人空投的时候被报复性射杀。维希政府的支持者那时并没有命令将军发动个体袭击来对抗德军,人们趴在地上,却苛求这个"叛徒"要有甘地的道德。将军从来没有强行要求抵抗。在那个诉讼中,他不是法官,但却是诉讼的当事人。

他和丘吉尔也有过分歧。"如果我撤回我的手,戴高乐将军就会连放他人头的一块石头都不会有!"在侵略到俄罗斯和珍珠港遭受袭击之前,当时只有英国自己能左右世界的命运,不要让英国政府让步!……

"我的力量太弱小以至于不能折腰。"

昨天,德国部队进入到苏维埃联盟,电台里广播说,一周又一周,战胜德国的拿破仑的行军队伍,一直延伸到柏林墙。

---

① Bir Hakeim,利比亚城市,发生在此地的比尔哈克姆战役是后来英军取胜的关键战役。——译注

让所有人诧异的是和势力强大的罗斯福之间的分歧。这使得达尔朗①,还有达尔奇埃·德·佩勒普瓦②都担任了重要职务。吉罗将军,他自己就足够了。贝当和莱希③或赫里欧④和赖伐尔之间的对话。所有被遗弃力量的神圣联盟。

盟军没有无视"自由法国部队"(FFL)和"抵抗运动",因为情报网络覆盖了布列塔尼和诺曼底地区,强制劳动部门的逃避兵役的人壮大了游击队,盟军登陆将要在法国进行。戴高乐将军从1944年起就力图联合"抵抗运动"成员和"自由法国"成员;把这些分散的英勇善战的力量纳入法国统一的行动中。面对盟军,哪个抵抗组织,从规模上说,能够代表国家的连续性呢?以将军的名义,让·穆兰建立了"民族抵抗委员会"(Conseil national)和"联合抵抗运动"(Mouvements unis de la Résistance),他后来被酷刑折磨而死,始终守口如瓶;"夜行者"炸毁了桥梁,用塑性炸药炸毁了道路,破坏活动阻止了德军援军在诺曼底会和,还有艾森豪威尔定性为不可修复的拖延行动。

---

① François Darlan,1881—1942年,法国海军元帅、海军上将、海军总司令。第二次世界大战期间,他是贝当元帅的维希政府中的主要人物,任贝当的代总理、外交部长、海军部长、内务部长等职。——译注
② Darquier de Pellepoix,1897—1980年,法国记者、政治家,二战期间,属于与维希政府合作分子。——译注
③ Willian Daniel Leah,1875—1959年,美国十大五星上将之一,海军上将。——译注
④ Edouard Herriot, 1872—1957年,法国政治家、总理。——译注

法国幸免于难。在解放的土地上把对权力的行使托付给法国人或解放部队吗？美国不是很有信心，于是打算实施第三共和国已被遗忘的条文：让全体委员会负责新政府组阁。这导致了三个月的无政府状态——维希政府没了，无政府主义是怎样被镇压的，是被美国的军事警察镇压的？在谁的命令下，难道是在"**盟国占领区军政府**"（Amgot, allied Military Goernment of Occupied Territories）的命令下？把法国与敌方德国和意大利的领土划上等号。

想想这阴暗的意图，想想和我们的盟军之间真正的冲突，简直荒谬至极；如果美国决定设立"盟国占领区军政府"，决定放弃斯特拉斯堡，有谁能阻止他们的想法呢？为了让世界承认法国是参战国而不是德国的合作国，还是得需要这个军政府的存在。从盟军登陆起的第一天开始，就有共和国的特派员从伦敦空投到法国组成"抵抗运动"。在每个被征服的城市里，盟军都会在当地迅速地（几天或几个小时）找到共和国临时政府省长。

让我们看看戴高乐自己对自己的评价吧，既热闹又孤独，看看1958年摆在他面前的问题，视法国如生命，他打算在他的《希望回忆录》中阐述这个问题。这个问题与我们所有的人息息相关，那就是国家。

议会把它的内阁看作过渡内阁（过渡到什么呢？），阿尔及尔的右翼曾说:"那吉布①之后就是纳赛尔!"就在那时他要实施一个1940年6月18日之后最重要的决定:反对建立单一政党。

原则上的需要吗?法国的使命,他试图通过"共同体"来找到,但是阿尔及利亚战争让这个使命受到严峻的考验,法国的使命需要这个决定吗?得在各种怪诞中,让人咋舌的"权力"怪圈中做出决定。统治国家,从统治者方面来说,是应受强烈谴责的。所有的权力都被那些无能的专家搞枯萎了,他们更喜欢小心翼翼地行使他们的无能。法国人不愿意大权独揽,他们习以为常的是对权力的滥用,这种明确的想法我们历来有之,从大仲马到维克多·雨果。哦,幸福的年代,人们不能容忍戴高乐主义的专断,将军"和我自己,先生们,没有任何狂妄自大",我们每周都被无数个带着杜克洛②口音的吕布·拉斯③搞得颜面尽失!可耻的特别司法机关几乎宣判萨兰④无罪。戴高乐将军,直到他离任,一直都是极其合法的国家元

---

① Néguib,1901—1984年,埃及首任总统;Nasser,1918—1970年,埃及第二任总统,历史上最重要的阿拉伯领导人之一,曾是阿拉伯民族主义的倡导者。——译注

② Jacques Duclos,1896—1975年,法国共产党前总书记,法共创始人之一,国际共产主义运动活动家。——译注

③ Ruy Blas,雨果同名剧本里的主人公。——译注

④ Raoul Salan,1899—1984年,法国将军,在阿尔及利亚的法国秘密军军长,和另外三个首领于1961年发动阿尔及利亚叛乱。——译注

首。根据礼节的要求,执政官在和他的军队离开罗马的时候要穿上城市的长袍,胜利之后再取回执政官的长袍,这种礼节是他惯常的形象的一部分;他那红色的城市长袍,就是第十六条条规。

他熟悉黑格尔的行动计划,也熟悉共产党的行动计划。人民的主权并不是单个个体主权的总和。"全民的意志",不论不知情的或不在乎的个体同意与否,事实上的主权,成就了历史的命运。法国的命运难道不是取决于所有经受命运考验的那些人吗?他在正式场合的回答是:权力得通过国家来行使,而不能据为己有。

他反复强调多次。但人们只听到他们熟知的东西……这个决定,他在《回忆录》中有意为之,未做解释,因为后来他对我说过:"他们那些无休止的法西斯历史事实是愚蠢的。我们和他们泾渭分明。险恶的斜坡不会让我们滑向法西斯主义,但是会滑向君主政体。"直到他离任,他的敌人一直把他的政府定义为镇压政府:他会射向每一个人。什么时候?明天。人们的摧毁破坏无济于事。

"究竟为什么,他说,新教民主——不论是斯堪的纳维亚民主还是盎格鲁撒克逊民主——它们彼此之间在地中海的'左翼政党'中相互承认,而左翼政党和它们完全不一样吗?共和国、个人的自由,是谁建立的?我想要搞明白其中的缘由……"

但是电视媒体在1940年以在电台播放将军的号召(同时也是法国的呼声)的方式,把戴高乐主义推进了电视台,在电视台里抬出了历史。我们过去看到的东西,和我们前一年没有看到的东西,有何相同的地方?殖民帝国的结束变成了非洲法国各殖民地联盟的盛大节日,动荡中的阿尔及利亚和非洲友邦重新唱起的柏辽兹的《马赛曲》,法国猛然冲进了这个小屏幕中。记者招待会在谈论时局,不同的回声不久前还在应和着这个问题:"你们插手什么?"又一次人们以法国的名义来讲话,没有人置若罔闻。我们没有更改计划,我们改变了命运。

阿尔及尔伞兵的胜利并不意味着我们要重组内阁!68年的煽动闹事者的胜利也没有这个意味。阿尔及利亚的"民族解放阵线"(FLN)和后来的"秘密军队组织"(OAS,法国在六十年代通过武力反对阿尔及利亚独立的军事化地下组织——译者注)都曾要刺杀他,没有人会为此大惊小怪。就像英雄主义一样,从名声一落三丈到满是滥美之词。他的敌人总是把他和对他的滑稽模仿相混淆;可他们还浑然不觉地反对或谩骂这种滑稽的模仿,因为他们很清楚总得把饶勒斯干掉。戴高乐将军于是从迎击阿尔及尔开始。

面对离开印度有十年之久的英国,解除了奴隶贸易的法国得打消坚持走殖民帝国路线的想法,需要把帝国扔到天平上:以前的每个殖民地都可以在加入法国共同体或独立自主间进行选择。要求独立的辛辣的对话和在对印度领土的分割中所产生的忧虑在等待这场惊心动魄的博弈中再次出现,这个对话再次成为解放法国的人和法国以前的每一个殖民地之间的对话。

这就是为什么他在阿尔及利亚战争中,在与"民族解放阵线"的协商中保留一个完全不同的第四共和国的缓冲余地。最初,他认为达成妥协是有可能的("民族解放阵线"一直没有和他中断联系)。"不幸的是,想让费尔哈特·阿巴斯①变得聪明些不取决于我……"当他对部长委员会以一种怀疑的口吻说:"问题的所在是得知道法国的高层利益和阿尔及利亚原住民之间的利益是否相吻合……",我相信他已经做出了决定。虽然他在忍受着他称之为军队的癌症的东西,为了纪念勒克莱尔重新夺回斯特拉斯堡,他召集了成千上万的军官,军官们在一种抱有敌意的安静中听了他的讲话。又一次,他得直面困难。他缓慢地,沉重地,就像在谈论内战一样结束了讲话:"一旦国家和民族选择了它们的道路,军人的义务就义不

---

① Ferhat Abbas,1899—1985年,阿尔及利亚民族独立运动领袖、民族解放阵线领袖,阿尔及利亚共和国临时政府首任总统。——译注

容辞,不可动摇。动摇了这个规则,就只能有、只会有失败的士兵……"

直到将军叛乱①。

他对国家的看法、他对他自己的看法和有关他的神奇传说三者交相吻合。他体现着国家的、人民的、农民的抵抗运动,那个农民,不知是邮递员还是市长刚刚宣布他的儿子在阿尔及利亚死去,在对抗"那些远征北非,利用他们在军队中的威望篡夺权力的将军们"中丧命。一个上校掌控的法国!在电视屏幕前,人们在等待,他们知道将要再次听到6月18日坚决说"不"的告法国全民书:"我今天穿着这套制服,是为了表达我不仅是法兰西共和国的总统,也是戴高乐将军","你们要尽一切努力,想尽一切办法来对抗这些人!"戴高乐主义就是1958年前,在同样的威胁面前,把法国和政府分开的主张。"我亲爱的、古老的祖国,我们又一次在一起接受考验……"这一次,要齐心协力,同仇敌忾。

他不再以同样的方式去对抗另一个浪潮,波涛汹涌的浪潮,1968年5月的风暴。这次他对青年学生不再是他对阿尔及尔的将军们的那种感觉。他预料到某种形式下的军事反抗;他预料到青年人引起的危机:美国、荷兰、意大利、德国、印

---

① 指的是在阿尔及利亚的"法国秘密军"叛乱。——译注

度、日本,甚至波兰……但没有人预料到这场危机将要和广泛的工会运动结合在一起。这个情形似乎具有19世纪的特点,闹哄哄地筑起街垒,和矿工的罢工之类的事完全不可同日而语。但是学生的骚乱,像在其他国家一样,显示出它深层的性质并不是起义的性质:他们发起的骚乱不想要理智,只想要他们自己的目标……

当时事态很典型:夺权之前混乱的起义,对抗国家,只有一个阵营就位……所有能斗争、能不再有充满激情的幻想、反对戴高乐主义的力量,都在向他们靠拢。可是只有一个伤亡,这太少了。警察很多,却几乎没有镇压的手段和方法,因为他们并没有介入其中……将军在谈到秘密军将军叛乱的讲话中几乎没有提及阿尔及利亚,完全没有提到学生。再一次,他以"公众救赎"的名义向法国人讲话。

"我不会退出来的。我有人民赋予我的任期,我要行使好我的职责。今天,我解散国民议会。"

这是把法国提升为政府。从这一分钟开始,戴高乐将军成了人民咨询会、新的选举的担保人。第五共和国的基础制度要经受考验。这场喜剧,造反的闹剧收场了:法国她要自己决定自己的命运。

"得马上在各地组织公民行动。法国受到专制独裁的威胁。人们想约束她去顺从一个在国家陷于绝望之时摆在他们面前的政权,这个政权从根本上来说显然会是一个征服者的政权……很正常,开始的时候它利用那些没用的政客的野心和愤恨造成一种假象来粉饰这个政权。之后,这些人物的影响将会无关紧要,将会无足轻重。"

……

在他讲话的时候,人群越来越密集,好像解放时那黑压压的人群渐渐挤满了香榭丽舍大道。工资得到了增加,大学得到了改革;但是内战却输了,让法国倒退了二十年。人们没有头脑发热一股脑夺取国家政权;他应对这一切,无线电台里又听到他那看不到面孔的号召,这个呼声让一百万人涌向了香榭丽舍大道。美国使馆把从协和广场截听到的民众的叫嚷声转播到白宫,大批民众抵达凯旋门。从 4 日起,各地都重新恢复了工作。想象一下,面对 1968 年的五月风暴,要是赶上奥里奥尔①政府的话会是怎样?

但早在 1968 年五月风暴之前,有个历史事件,在他看来和青年人危机一样严重,一样危机重重,他称之为民主的癌症,那就是西方国家被分割成几乎相等的几块阵营,以前一直拿多数人的想法去碰运气,多数服从少数的想法已经丧失了

---

① Vincent Auriol,1884—1966 年,法国第四共和国第一任总统,任期 1947—1954 年。——译注

合理性。他认为民主已经失去了孕育真正团结的激昂;现在的民主靠平凡的多数人过活,55%对45%,相差五个点,多数取得了胜利。在对阿尔及利亚的全民公决中,欧洲和美洲宣布法国遵循这个公投,结果出人意料,90%没达到三分之二的选民人数。因此他一直呼吁要响应历史,众多骑兵挥舞着军帽来响应他的号召。法国是多数激情澎湃的人的成果;他还熟悉解放时的香榭丽舍大道,还熟悉那个围在他周围反抗"秘密军队组织"的法国。从此以后,他在命运的狭窄缝隙中指点江山。"为什么,"他用他那幽默嘲弄的声音问道,"不让名字以字母A开头的公民成为法国命运的审判官?"他本希望在他周围聚集着1944年时的大批民众,共同完成对"公众的救赎"的任务。可人群中酝酿了什么,难道不是这些让人怜惜的大众的激昂和顽强吗?有"自由法国",还有"抵抗运动"。在盟军登陆之时,他指挥的志愿者比维希指挥的警察还少!

这个英勇参战的团体曾自觉地肩负起法国的命运,现在这个名誉属于一群投票的人,这些人不知道,他们掌握着国家的合法大权。他没法改变。他得去说服那些人,这好比法国扔骰子决定命运一样。他无法阻止他的竞选对手不择手段,不惜一切代价来决定和征服法国的这群选民,这群人数众多的选民,包括单身、老年人、特殊团体。但这些竞争手段都以失败而告终。他不想再重蹈覆辙。他的所作所为表明,只有当他打动法国的时候,法国才给他带来这些陌生人的支持。只有当他触动他们的时候他才能维护法国,只有当他一心一意为法国服务的时候他才能触动他们。作为参岛水手的首领,也许他认为自己对法国前途的把握比51%的选民更大……他在如此艰苦的条件下重振民族,以至于他想航行到法国身边来维护法国:"应该用我们手里有的东西做些事情!你们认为亨利四世每天都在吃喝玩乐吗!"从柬埔寨回来,他听到在金边讲话的录音带,听到法国幸存的声音好像有点茫然,就像一个家庭主妇从菜市场回来后发现篮子里装满了海星。他再次注意到混淆国家和个人崇拜的法国人,无论怎样都会把人民赋予的、通过国家来行使的法国最高责任,当作一个法则来接受的。

法国一直萦绕在他的心头,法国没有叩问他。萦绕在心头的叩问之人是国家。他像执政官拿破仑一样谈论国家,像科学家一样谈论科学:他谈论的领域极其严密,又充满了变数。他谴责圣奥古斯丁缺乏政治精神,把他比作一群乌合之众。这就是为什么他认为新的国家宪法和阿尔及利亚问题一样紧要。没有弗勒吕斯战役的胜利就没有"国民公会"。就像那些坚持国家消亡论的共产国际专家所理解的那样,没有民族就没有国家。将军曾抄写过列宁的记录:"没有一场革命不是以加强国家的权力来结束的。"他不是不知道列宁曾像恩格斯、马克思一样痛斥"国家"这个工具,因为他读到过一些论述"国家"的书籍……但他认为国家可以是危难时机民族统一的代理人,"国民公会"就是这样。法国最伟大的公仆,他说,为法国服务,把法国变成国家,人们想象不出如果波拿巴是路易十四的陆军统帅会是什么景象。君主政体和共和国,已经赋予民族一种形态,但是要是没有国家的话,民族就是空有其壳,徒有其表。同样,黎世留就是通过创建和维护国家来明确他的任务,国家能最好地为法国服务。

1620年法国的就业、创造业、工业,还有不太重要的商业,和1650年基督教世界最强大的君主政体的法国有很大的不同吗?

"当法国人和平相处的时候,哦,又能如何!"他强烈地感到历史的大变动,而那些自称现代的国家却对此众说纷纭,它们丢弃政治,丢弃了幻想。他的国家几乎是管理的反面;管理指向继续运转,国家引领大方向。这就是国家未来的工具,协调各种力量的最有力的途径。

"从拿破仑以来我们没有做过什么大事……对国家的理解一窍不通,却对国家寄予一切,包括享受幸福的权利!"他专心于这个至高无上的却又蹩脚的工具的有效性,就像以前他一门心思地使用装甲部队一样。他看到的不再只是一个工具,一个苟且活着、被禁锢的机构,他得把它从萎靡不振、因循守旧,从企业和工会的垄断势力中解救出来。

他曾梦想创造出和战争时期一样的相似的历史,首先是军队的历史。他书写了法国军队的历史,看到有些战争的变化并不是军事层面上的,比如法国发布的征兵令,"祖国危急",所以展开全面动员工作。

亚历山大大帝(好像以同样的方式)同时首创了军民编队培训、军妓骑兵团,还有被征服地区的行政体系。

"我们的国家在技术和政治概念上晚了半个世纪。"戴高乐将军在1960年曾这样说过。他在1945年和1958年重建了国家。建立一个国家,不会再像建立兵团军队或古罗马元老院那样随心所欲。他关注的是省区的建立,就像查理七世建立靠军饷养活的军队那样。他熟悉每一个省长,了解城镇首要豁免权的"革新",即永久第一税,也叫社会保障体系。他的一个因工作劳累而疲乏不堪的部长曾经对我说过:"每天上午他都要召开一个国立行政学校(ENA)会议!"而他却说:"国家的权力曾经是一个夹在争论得热火朝天要获得大多数人支持的各政党之间的瓶塞,目的是让大多数人来掩盖他们自己不知晓的问题。"

"当法国将要再次成为法国的时候,人们会在我做的事情的基础上再接再厉,而不是我离任后人们所做的事情的基础上。"这是他的一个想法还是另一个"六·一八"抗战号召?他总是说他的意识形态在平坦的地面上跑不好。如果民族意识始终维护法国直到突发事件发生,那么法国就会幸免于难:当黎世留被委以重任的时候,法国还是一个二等国家。将军曾想:"波折迭起,所有这些明显威胁着法国的跌宕起伏都是盲目的突变,是谁把法国巴尔干化,分裂了法国?"黎世留不畏惧基督教世界的终结。而将军说过:"我试图让法国站起来,对抗一个世界的终结。"一个首字母大写的民族(Nation),从前的法国,在"祖国危急"中产生,在"国民公会"带来的深刻的蜕变中产生。1940年,法国迎面遭遇被卷进战争之中的危险。法国她一直处在这个无形的、最后的几个帝国寻求对抗的世界里吗?"她仍会让世人刮目相看的。"在荣军院的抵抗运动展览上,将军站在写满我们的被枪杀者名字的纪念柱前,四周张贴着各大地下报纸,他向组织者表示:"除了他们,再无他人,为了继续1914年开始的战争:就像比尔哈克姆战役中的那些人,像抵抗运动中的那些人一样,他们是历史最初的见证人。"他自己也是。在科隆贝,在回忆和死亡之间,形影相吊,和那些站在为他们自己准备的棺材前的巴勒斯坦骑士大团长们一样,他仍然还是法国骑士团的大团长。这是因为他曾被委以重任,还是因为在这么多年的风雨飘摇中,他挂着臂肘支起他自己的尸骸,自己坚信,也让世界相信法国还活着?他活过了他的对手:希特勒、墨索里尼、还有盟军的罗斯福、丘吉尔、斯大林。拿破仑的将军们在1825年时说过:"大军队的时代来临了……"他深有同感。所以这些亦敌亦友的亡灵在荒野上暗中博弈,包括象棋中的象。欧洲在沸腾,希特勒在地堡掩体中自杀,停下来的火车在西伯利亚平原的孤寂中久久地鸣笛,欢庆斯大林的逝去……

他在想选举之后法国也是那样,因为"有些事情是无法预料的"。当巴伐利亚的伊萨博签订《特鲁瓦条约》(法国在1415年的阿金库尔战役中战败,巴伐利亚的伊萨博于1420年与英格兰签订该条约。根据条约规定,法国成为英法联合王国的其中一部分。英王亨利五世宣布自己为法国摄政王,并拥有在法王查理六世死后继承法国王位的权利。将法国领土分为由英王、勃艮第公爵,以及查理六世的太子控制的三部分。英国统治着以巴黎为中心的法国北部,查理六世的太子则控制着法国南方,这导致法国领土上出现了南北对峙的局面——译者注)的时候,法国遭受重创。激情和希望连接在一起会比其中任何一个都强大。虽然他没有写出来,他也一定会暗自自豪地想:"欧洲最后的行动开始了,至少我们不会让法国在洪流中消亡。"

《希望》,1975年,第13期

大事年表

1901年:乔治·安德烈·马尔罗(Georges André Malraux)于11月3日在巴黎当雷蒙街(rue Damrémont)出生。

1905年:他的父母,费尔南·马尔罗(Fernand Malraux)和贝尔特·拉米(Berthe Lamy)分居。(他父亲在后来的二婚中育有另两个儿子罗兰和克洛德。)

1906年:马尔罗在邦迪(Bondy)上学。

1909年:他的祖父自杀。

1915年:马尔罗在位于图尔比戈街(rue Turbigo)的学校初中部(即后来的图尔比戈高中)就读。

1918年:没有考上孔多塞高中(lycée Condorcet)。放弃高中会考,辍学。

1919年:在勒内-路易·多扬(René-Louis Doyon)书店-

出版社工作。

1920年：在《知识》(*La Connaissance*)上发表第一篇文章《立体主义思想的渊源》(*Des origines de la pensée cubiste*)，然后在《行动》(*Action*)上发表了几篇论述洛特雷阿蒙(Lautréamont)和安德烈·萨尔蒙(André Salmon)的文章。在西蒙·克拉出版社(Simon Kra)任文学部主任。

1921年：出版了他的第一本书《纸月亮》(*Lunes en papier*)，以及一些简短的文章，如《被驯服的刺猬》(*Les hérissons apprivoisés*)和《杀人游戏中的一个消防员日记》(*Journal d'un pompier du jeu de massacre*)。前往意大利、奥地利、德国。娶克拉拉·高尔德施密特(Clara Goldschmidt)为妻。

1922年：发表几篇论述纪德、戈宾诺(Gobineau)、马克斯·雅各布(Max Macob)的文章，一篇离奇的文章《一个法国花园里的充气兔子》(*Des lapins pneumatiques dans un jardin français*)，为加拉尼展览(Galanis)目录作序。

1923年：和克拉拉还有朋友路易·舍瓦松前往印度支那，去邦特奈斯亥寺庙(Bantenaï Srey)探险，被控告偷窃文物雕像，判处三年监禁。上诉。

1924年：在第二次诉讼中，马尔罗得以延缓刑期(法国多名文艺界人士为他请愿)。在杂志《和弦》(*Accords*)上发表文章《为一个喇叭偶像而写作》(*Ecrire pour une idole à trompe*)。

1925年:和克拉拉返回印度支那,和保尔·莫楠(Paul Monin)创建报纸《印度支那》(*Indochine*),中断一段时间后更名为《被缚的印度支那》(*Indochine enchaînée*)。1925年末离开此地。

1926年:发表《西方的诱惑》。

1927年:发表《为一个毛绒熊而写作》(*Ecrire pour un ours en peluche*)(《900》)、《在富饶岛的旅行》(*Le voyage aux îles Fortunées*)(《贸易》)、在集体合著《书写》一书中撰写的文章《论欧洲年轻人》(*D'une jeunesse européenne*)。在伽利玛出版社负责艺术品的出版工作。

1928年:出版《征服者》和《荒诞王国》(*Royaume farfelu*)。参加"庞蒂尼十日谈"(Décades de Pontigny)。

1930年:出版《王家大道》,被看作是《沙漠的力量》(*Puissances du désert*)第一册。前往伊斯法罕市和土耳其。他的父亲费尔南·马尔罗自杀。

1931年:在阿富汗斯坦、印度,然后前往中国、日本和美国。《征服者》引起托洛茨基和马尔罗之间的论战。

1932年:贝尔特·拉米去世。

1933年:在鲁瓦扬与托洛茨基会面。出版《人的境遇》,获龚古尔文学奖。他的女儿弗洛伦斯(Florence)出生。与女小说家乔赛特·科罗迪(Josette Clotis)会面。参与"革命作家和艺术家协会"的第一次公众活动。

1934年:安德烈·马尔罗和安德烈·纪德前往柏林,肩负为释放季米特洛夫请愿的使命。和爱德华·科尔尼格利昂-莫利尼耶(Edouard Corniglion-Molinier)飞跃也门沙漠,寻找萨巴女王(Saba)的旧都。停经埃及。参与1934年8月在莫斯科举行的苏联第一次作家代表大会。参加"反排犹主义世界联盟"(Ligue mondiale contre l'antisémitisme)。与爱森斯坦(Eisenstein)、高尔基(Gorki)、帕斯捷尔纳克(Pasternak)、斯大林会面。在好几个反法西斯集会上出现。

1935年:出版《怀疑的时代》,在作家捍卫文化世界大会上发言(6月21—25日),参加作家捍卫文化国际协会会议(11月4日),还有12月23日塔尔曼委员会(Comité Thaelmann)组织的集会。

1936年:6月21日在"传播文化作家协会"(Association des écrivains pour la diffusion de la culture)的书记处向全体成员讲话。支持西班牙共和党创建西班牙空中飞行小纵队。参加几个飞行任务,在麦德林(Medellin)、马德里、托莱多(Tolède)作战。与尼赫鲁会面。

1937年:前往美国为西班牙共和党筹措资金。出版《希望》,在杂志《兴致》(*Verve*)上发表他的第一篇论述《艺术心理学》(*La Psychologie de l'art*)的文章。

1938年:在西班牙拍摄《特鲁埃尔山》(*Sierra de Teruel*)。

1939年:在《法国文学画卷》(*Tableau de la littérature française*)中发表有关拉克洛(Laclos)的研究。加入装甲部队,但在1940年初(在普罗万[Provins])才被征召。

1940年:在桑斯附近被囚,几个月后逃离,前往法国南部。乔赛特·科罗迪带着他们12月份在巴黎出生的儿子和他团聚。

1941至1942年:生活在法国南部,纪德、拉康、德里欧·德·拉罗谢尔(Drieu de La Rochelle)、萨特等去看过他;拒绝回复第一批抵抗运动者的提议,撰写《和天使一起斗争》(*La Lutte avec l'ange*)和《绝对的恶魔》(*Démon de l'absolu*)(献给劳伦斯上校)。1942年底,在科雷兹定居。

1943年:出版《阿尔滕堡的胡桃树》(《和天使一起斗争》第一部)。他的第二个儿子万桑(Vincent)出生。和抵抗运动者建立联系。

1944年:成为贝尔热上校,成为洛特省、多尔多涅省和科雷兹省五千五百名游击队员的首领。受伤后被德国人逮捕,遭受折磨;被关在图卢兹,因为德国人匆忙撤出才得以重获自由。他的两个兄弟被流放(两个后来都死了)。马尔罗创建阿尔萨斯-洛林纵队,一直攻打到米卢斯和斯特拉斯堡。11月,乔赛特·科罗迪意外死亡。

1945年:1月参加"巴黎民族解放运动大会"(Mouvement de libération nationale à Pairs),重返阿尔萨斯-洛林纵队,直抵德国。7月18日与戴高乐将军会面,成为他的技术顾问。11月21日被任命为信息部部长。1945年12月29日在国民制宪议会上发言。

1946年:1月20日在戴高乐将军离任后离开信息部。出版《难道只是这样吗?》(*N'était-ce que cela?*)(《绝对的恶魔》节选)和《电影心理学概况》(*Esquisse d'une psychologie du cinéma*)。11月4日,在索邦大学做讲座《人与文化》(*L'homme et la culture*)。

1947年:戴高乐将军创建了"法兰西人民联盟"(RPF),马尔罗成为宣传代表。7月2日在自行车竞赛馆(Vélodrome)发表讲话。出版《普拉多博物馆里戈雅的画》(*Dessins de Goya au musée du Prado*)和《想象中的博物馆》(*Le musée imaginaire*),《艺术心理学》(*La Psychologie de l'art*)第一册。

1948年:和克拉拉离婚后,娶了他的嫂子、他哥哥罗兰的遗孀马德莱娜(马德莱娜和罗兰育有一子叫阿兰)。推出周报《联盟》,2月17日在自行车竞赛冬赛馆(Vel'd'hiv')发表讲话,3月5日在普莱耶尔音乐厅(salle Pleyel)向知识分子发出号召;4月17日参加"法兰西人民联盟"里尔会议,11月18日参加"为了精神的自由"集会。发表《艺术创造》(*La Création* artistique)。在《联盟》上频频发稿。出版《戴高乐个案》(*The Case for de Gaulle*),记录了马尔罗和詹姆士·伯纳姆(James Burnham)之间的漫长对话。

1949年:创刊《精神自由月刊》,出版《绝对货币》(*La Monnaie de l'absolu*)。

1950年:1950年2月11日在自行车冬赛馆发表讲话。出版《土星》(*Saturne*),在《十字路口》、《联盟》和《精神自由月刊》上发表诸多文章。整个夏季重病在身(副伤寒病)。

1951年:在"法兰西人民联盟"于6月13日、6月8日、11月25日举行的几次集会上讲话。出版《沉默之声》。

1952年:出版《想象中的世界雕塑博物馆》(*Musée imaginaire de la sculpture mondiale*)第一部,发表了几次拥护戴高乐主义的讲话(1月23日、3月7日、7月4日),在"二十世纪的使命"代表大会上(l'Oeuvre du XXe siècle)发言(5月31日)。前往希腊、埃及、印度、伊朗。

1953年:戴高乐将军让"法兰西人民联盟"处于休眠状态。

1954年:马尔罗出版《神圣岩洞里的浮雕》(*Des bas-reliefs aux grottes sacrées*)。前往美国做了几次演讲。接受《快报》的几次访谈,表现出他对孟戴斯·弗朗士(Mendès France)的同情。阿尔及利亚战争开始。

1955年：在伽利玛出版社推出"形式世界"(L'univers des formes)系列丛书。

1956年：伦勃朗诞辰三百五十年之际，在斯德哥尔摩发表《伦勃朗和我们》(*Rambrandt et nous*)的讲话。

1957年：出版《诸神的变异》(*La Métamorphose des dieux*)。

1958年：在查封亨利·阿莱格(Henri Alleg)的书《问题》(*La Question*)之后，安德烈·马尔罗和罗杰·马丁·杜加尔、弗朗索瓦·密特朗还有让-保尔·萨特联名签字向共和国总统请愿，敦促公众权力部门谴责酷刑的使用。戴高乐将军重新执政，马尔罗于6月1日被任命为部长委员会的部长代表。6月24日召开记者招待会。7月14日、8月24日和9月4日在巴黎，后来在马提尼克、圭亚那、伊朗、印度（在那里与尼赫鲁重逢）和日本发表政治演讲。

1959年：1月9日成为负责文化事务的国家部长。在瓦尔格拉(Ouargla)、塔曼拉塞特(Tamanrasset)、埃德热雷(Edjelé)、哈西迈斯欧德(Hassi-Messaoud)、雅典、巴西利亚发表演讲。在几个拉丁国家举行记者招待会。在国民议会(11月17日和24日)和参议院(12月8日)发言。

1960年：前往墨西哥。以色列世界联盟百年纪念发言、拯救努比亚古迹的演讲、圣马丁将军雕塑落成讲话。乍得、加蓬、刚果和中非共和国宣布独立之际前往非洲。与施韦泽医生会面。11月5日在国民议会发言,11月23日在参议院发言。

1961年:4月22日,支持阿尔及利亚的"将军政变"。马尔罗号召法国人自发组成自愿者队伍,反击伞兵可能发动的袭击。5月8日在奥尔良演讲庆祝圣女贞德节,14日在梅斯演讲庆祝阿尔萨斯-洛林纵队广场落成。5月份,他的两个儿子在车上自杀。10月26日和12月14日在国民议会发言,11月21日在参议院发言。

1962年:安德烈·马尔罗的住所遭到"秘密军组织"(OAS)的袭击。美国纪行。与约翰·肯尼迪会面。7月23日在国民议会发言,5月22日在参议院发言。10月30日在夏约宫以"为了第五共和国"协会的名义讲话。

1963年:携画像《蒙娜丽莎》在美国演讲(1月18日)。9月3日讲话缅怀布拉克。在国民议会发言(1月18日),在芬兰(9月16日)、加拿大(10月)和"新共和国联盟—劳工民主联盟"(UNR-UDT)尼斯会议上发言(11月24日)。

1964年:4月18日在布尔日文化中心落成典礼上讲话。5月31日在鲁昂演讲,然后于11月7日在国民议会发言。12月9日在戴高乐面前诵读为让·穆兰写的悼文。

1965年:中国纪行(与毛泽东会面),在战前发现的地方停经(这里应指法租界——译者注),经印度返回。9月1日发表讲话"纪念勒·柯布西耶"(*A la mémoire de Le Corbusier*),10月14日在国民议会发言,12月15日在体育宫发言(以"为了第五共和国"协会的名义)

1966年:3月19日在亚眠文化中心落成典礼上讲话,3月30日在达喀尔第一届黑人艺术节开幕仪式上讲话,列奥波尔德·桑格尔(Léopold Senghor)出席现场,10月27日、12月8日在国民议会发言。和马德莱娜·马尔罗分手。与露易丝·德·威尔莫兰(Louise de Vilmorin)和好。

1967年:出版《反回忆录》,记者做了很多他的访谈。前往英国。11月9日和12月6日在国民议会上发言。

1968年:2月3日在格勒诺布尔的文化中心落成典礼上讲话。6月20日在展览馆发言为议会选举造势。苏维埃纪行。9月28日在法语议员协会大会上发言;11月13日在国民议会上发言,11月26日在参议院发言。

1969年:2月17日在尼亚美、4月13日在斯特拉斯堡、4月23日在巴黎为支持全民公决演讲。在戴高乐辞职后离职。与莫里亚克和萨特联名"向玻利维亚总统写信"请求释放雷吉斯·德布雷。12月,露易丝·德·威尔莫兰离世。

1970年:出版《黑三角》(*Le Triangle noir*)。11月9日,戴高乐将军逝世。

1971年:出版《悼词》(*Oraisons funèbres*)、《被砍伐的橡

树》(*Les Chênes qu'on abat ...*)。和他最后的女伴索菲·德·威尔莫兰(Sophie de Vilmorin)在北角巡游。提请为抵抗巴基斯坦而战的孟加拉国提供服务。写信给尼克松总统,12月17日在《费加罗报》发表"论孟加拉国"一文。

1972年:在地中海巡游。美国纪行。5月13日在杜雷达尔(多尔多涅省)发表讲话纪念当地的游击队员。是年秋天,在萨尔佩特里埃医院(hôpital Salpêtrière)住院几周。

1973年:前往印度、孟加拉国、尼泊尔。7月13日在梅格基金会(Fondation Maeght)举行的"安德烈·马尔罗的想象博物馆"展览开幕式上发言,9月2日,为格里耶尔高地的萨瓦省抵抗运动纪念雕塑落成讲话。10月,为让·凯(Jean Kay)的诉讼作证。

1974年:出版《黑曜岩》、《拉扎尔》、《虚构》,前往日本和印度。4月24日和总统候选人雅克·沙邦-戴尔马(Jacques Chaban-Delmas)一道参加一个电视节目。

1975年:5月10日,马尔罗在沙特尔向流放中幸存的妇女发表讲话,庆祝集中营解放三十周年。出版《临时东道主》(*Hôtes de passage*)。11月23日为戴高乐逝世五周年发表演讲。前往海地。

1976年:5月12日在国民议会特别会议上发言,审核与自由相关的三个法律提案。出版《绳子和松鼠们》(*La Corde et les souris*)、《灵薄狱之镜像》、《永恒》(*Intemporel*)。在亨利-蒙度(Henri-Mondor)(克雷泰伊省)住院,11 月 23 日在那里去世。

1977 年:他的遗作《苦短的人类与文学》(*L'Homme précaire et la littérature*)和《超自然》(*Le Surnaturel*)出版。

"轻与重"文丛(已出)

01 脆弱的幸福　　　　［法］茨维坦·托多罗夫 著　　　孙伟红 译
02 启蒙的精神　　　　［法］茨维坦·托多罗夫 著　　　马利红 译
03 日常生活颂歌　　　［法］茨维坦·托多罗夫 著　　　曹丹红 译
04 爱的多重奏　　　　［法］阿兰·巴迪欧 著　　　　　邓　刚 译
05 镜中的忧郁　　　　［瑞士］让·斯塔罗宾斯基 著　　郭宏安 译
06 古罗马的性与权力　［法］保罗·韦纳 著　　　　　　谢　强 译
07 梦想的权利　　　　［法］加斯东·巴什拉 著

　　　　　　　　　　　　　　　　　　　　　　杜小真　顾嘉琛 译
08 审美资本主义　　　［法］奥利维耶·阿苏利 著　　　黄　琰 译
09 个体的颂歌　　　　［法］茨维坦·托多罗夫 著　　　苗　馨 译
10 当爱冲昏头　　　　［德］H·柯依瑟尔　E·舒拉克 著

　　　　　　　　　　　　　　　　　　　　　　　　 张存华 译
11 简单的思想　　　　［法］热拉尔·马瑟 著　　　　　黄　蓓 译
12 论移情问题　　　　［德］艾迪特·施泰因 著　　　　张浩军 译
13 重返风景　　　　　［法］卡特琳·古特 著　　　　　黄金菊 译
14 狄德罗与卢梭　　　［英］玛丽安·霍布森 著　　　　胡振明 译
15 走向绝对　　　　　［法］茨维坦·托多罗夫 著　　　朱　静 译

16 古希腊人是否相信他们的神话

　　　　　　［法］保罗·韦纳 著　　　　　　张 竝 译

17 图像的生与死　　［法］雷吉斯·德布雷 著

　　　　　　　　　　　　　　　　黄迅余 黄建华 译

18 自由的创造与理性的象征

　　　　　　［瑞士］让·斯塔罗宾斯基 著

　　　　　　　　　　　　　　　　　张 亘 夏 燕 译

19 伊西斯的面纱　［法］皮埃尔·阿多 著　　　张卜天 译
20 欲望的眩晕　　［法］奥利维耶·普里奥尔 著　方尔平 译
21 谁,在我呼喊时　［法］克洛德·穆沙 著　　　李金佳 译
22 普鲁斯特的空间　［比利时］乔治·普莱 著　　张新木 译
23 存在的遗骸　　［意大利］圣地亚哥·扎巴拉 著

　　　　　　　　　　　　吴闻仪 吴晓番 刘梁剑 译

24 艺术家的责任　［法］让·克莱尔 著

　　　　　　　　　　　　　　　　　赵苓岑 曹丹红 译

25 僭越的感觉/欲望之书

　　　　　　［法］白兰达·卡诺纳 著　　　袁筱一 译

26 极限体验与书写　［法］菲利浦·索莱尔斯 著　唐 珍 译
27 探求自由的古希腊　［法］雅克利娜·德·罗米伊 著

　　　　　　　　　　　　　　　　　　　　　张 竝 译

28 别忘记生活　　［法］皮埃尔·阿多 著　　孙圣英 译
29 苏格拉底　　　［德］君特·费格尔 著　　　杨 光 译
30 沉默的言语　　［法］雅克·朗西埃 著　　　臧小佳 译

31 艺术为社会学带来什么

                 [法] 娜塔莉·海因里希 著   何 蒨 译

32 爱与公正   [法] 保罗·利科 著   韩 梅 译

33 濒危的文学   [法] 茨维坦·托多罗夫 著   栾 栋 译

34 图像的肉身   [法] 莫罗·卡波内 著   曲晓蕊 译

35 什么是影响   [法] 弗朗索瓦·鲁斯唐 著   陈 卉 译

36 与蒙田共度的夏天   [法] 安托万·孔帕尼翁 著   刘常津 译

37 不确定性之痛   [德] 阿克塞尔·霍耐特 著   王晓升 译

38 欲望几何学   [法] 勒内·基拉尔 著   罗 芃 译

39 共同的生活   [法] 茨维坦·托多罗夫 著   林泉喜 译

40 历史意识的维度   [法] 雷蒙·阿隆 著   董子云 译

41 福柯看电影   [法] 马尼利耶 扎班扬 著   谢 强 译

42 古希腊思想中的柔和

                 [法] 雅克利娜·德·罗米伊 著   陈 元 译

43 哲学家的肚子   [法] 米歇尔·翁弗雷 著   林泉喜 译

44 历史之名   [法] 雅克·朗西埃 著

                                    魏德骥 杨淳娴 译

45 历史的天使   [法] 斯台凡·摩西 著   梁 展 译

46 福柯考   [法] 弗里德里克·格霍 著   何乏笔 等译

47 观察者的技术   [美] 乔纳森·克拉里 著   蔡佩君 译

48 神话的智慧   [法] 吕克·费希 著   曹 明 译

49 隐匿的国度   [法] 伊夫·博纳富瓦 著   杜 蘅 译

50 艺术的客体   [英] 玛丽安·霍布森 著   胡振明 译

51 十八世纪的自由　［法］菲利浦·索莱尔斯 著

　　　　　　　　　　　　　　　　唐　珍　郭海婷 译

52 罗兰·巴特的三个悖论

　　　　　　［意］帕特里齐亚·隆巴多 著

　　　　　　　　　　　　　　　　田建国　刘　洁 译

53 什么是催眠　［法］弗朗索瓦·鲁斯唐 著

　　　　　　　　　　　　　　　　赵济鸿　孙　越 译

54 人如何书写历史　［法］保罗·韦纳 著　　韩一宇 译

55 古希腊悲剧研究　［法］雅克利娜·德·罗米伊 著

　　　　　　　　　　　　　　　　　　　　高建红 译

56 未知的湖　［法］让-伊夫·塔迪耶 著　　田庆生 译

57 我们必须给历史分期吗

　　　　　［法］雅克·勒高夫 著　　　　　杨嘉彦 译

58 列维纳斯　［法］单士宏 著

　　　　　　　　　　　　姜丹丹　赵　鸣　张引弘 译

59 品味之战　［法］菲利普·索莱尔斯 著

　　　　　　　　　　　　赵济鸿　施程辉　张　帆 译

60 德加，舞蹈，素描　［法］保尔·瓦雷里 著

　　　　　　　　　　　　　　　　杨　洁　张　慧 译

61 倾听之眼　［法］保罗·克洛岱尔 著　　　周　皓 译

62 物化　　　［德］阿克塞尔·霍耐特 著　　罗名珍 译

图书在版编目(CIP)数据

政治与文化:安德烈·马尔罗讲演访谈录:1925—1975/(法)安德烈·马尔罗著;黄芳等译.
--上海:华东师范大学出版社,2018
("轻与重"文丛)
ISBN 978 - 7 - 5675 - 8361 - 0

Ⅰ.①政… Ⅱ.①安…②黄… Ⅲ.①马尔罗(Malraux,Andre 1901—1976)-文集 Ⅳ.①K835.655.6-53

中国版本图书馆 CIP 数据核字(2019)第 004680 号

华东师范大学出版社六点分社
企划人 倪为国

轻与重文丛
政治与文化:安德烈·马尔罗讲演访谈录(1925—1975)

主　　编　姜丹丹
著　　者　(法)安德烈·马尔罗
译　　者　黄　芳　杨旭辉　郑晓萍
责任编辑　王　旭
封面设计　姚　荣

出版发行　华东师范大学出版社
社　　址　上海市中山北路 3663 号　邮编　200062
网　　址　www.ecnupress.com.cn
电　　话　021 - 60821666　行政传真　021 - 62572105
客服电话　021 - 62865537
门市(邮购)电话　021 - 62869887
地　　址　上海市中山北路 3663 号华东师范大学校内先锋路口
网　　店　http://hdsdcbs.tmall.com
印刷者　上海中华商务联合印刷有限公司
开　　本　787×1092　1/32
印　　张　9.625
字　　数　170 千字
版　　次　2019 年 3 月第 1 版
印　　次　2019 年 3 月第 1 次
书　　号　ISBN 978 - 7 - 5675 - 8361 - 0/D · 226
定　　价　68.00 元

出版人　王　焰

(如发现本版图书有印订质量问题,请寄回本社客服中心调换或电话 021 - 62865537 联系)

LA POLITIQUE, LA CULTURE
Discours, articles, entretiens (1925—1975)
by André MALRAUX
Présentés par Janine Mossuz-Lavau
Copyright © Éditions Gallimard, 1996.
Simplified Chinese edition arranged with Editions GALLIMARD
Simplified Chinese Translation Copyright © 2019 by East China Normal University Press Ltd
ALL RIGHTS RESERVED.
上海市版权局著作权合同登记 图字:09 - 2016 - 102 号